from ZERO

地方の町工場を
グローバル企業に変えた
二代目女性社長

手島由紀子
TESHIMA YUKIKO

幻冬舎 MC

はじめに

高度経済成長期に創業した中小企業の多くで事業承継が進むなか、先代から看板を譲り受けた二代目社長には苦悩がつきものです。

先代と何かにつけて比較される、古参社員がついてこない、時代に合わない組織体質が染みついていて改革が進まないなど、悩みは数えきれません。

私は群馬県にある医療用ステンレスチューブメーカーを経営しています。

短大を卒業後に東京で3年間の社会人経験を経て、1996年に語学留学のため渡米しました。その後ビジネスの基礎を学ぶため大学に編入し、2002年に父の会社へ入社したのです。

私が入社した当時は昭和で時代が止まったかのような旧態依然とした会社でした。会社の業績は安定していたものの、オフィスにはスタンドアローンのパソコンが1台だけ、書類はすべて手書き、製造はベテラン社員の腕と長年の勘だけを頼りにし、営業は得意先からの受注待ち、新規引き合いは取引先から受けるのみという状況でした。昔ながらのやり方で仕事を行うことが正しく、業務の効率化という概念は誰の頭にもなく、それを提言すれば「楽をする気か、『仕事』をしろ」と先代社長である父からよく叱責されたものでした。時代錯誤であっても、面倒であっても、目の前の仕事をあくせくこなすことが「仕事をすること」であり、美徳とされていました。

父が会社を経営していた昭和のピークである高度経済成長期の頃は、もちろん苦労はあったと思いますが、作れば売れる時代でしたのでそれでも経営が成り立っていたのでしょう。しかしバブルがはじけた平成から令和になった現代、国内需要が縮小してグローバル化が進むなか、いつまでもアナログの業務システムや昭和から変化しない職場環境で非効率的な経営を続けていれば成長から遠のき、低迷してしまいます。

アメリカで見てきたグローバル企業が展開するビジネスの世界や、スピード感の違いに衝撃を受けた私は、今の経営方針でいいのだろうか、もしこのまま現状維持を続けていたらこの会社は潰れてしまう、そして日本もいずれ世界に取り残されてしまうという強い危機感をもったのです。

２０１４年に社長の座を譲り受けた私は、１９７０年に父が創業して以来、家族・親戚、そして、家族同様に接する社員とともに守り育ててきたこの会社を発展させたい一心で、入社以降進めてきた改革をさらに強化しました。しかし、「若い」うえに「アメリカ帰りで日本での社会人経験が少ない」「製造技術への知識が浅い」、そして「女性」であるという理由から、父に従ってきた昭和の男性的思考をもった社員たちは、おそらく私を軽視して抵抗勢力となり、「新社長にはついていけない」と約7割が退職してしまったのです。その結果、人材不足によって生産が追いつかなくなり、創業以来の大赤字に転落しました。

社員に給料が払えなくなるかもしれないという不安と、父から受け継いだ大切な会社は絶対に潰せないというプレッシャーに襲われ、不安で眠れない日々もありました。そんなとき、脳裏に浮かんだのは改革により生まれ変わった未来の会社像です。

会社の未来に向けた方針を理解し、残ってくれた社員たちを必ず幸せにすることが、今最も優先されるべきことだ。会社に貢献してくれた人には、最大限のリターンが与えられる会社にする。そして、この会社を日本の中小企業のロールモデルに成長させる。これが私の社長としての使命だと感じていました。

覚悟を胸に一念発起した私は、会社を刷新する良い機会だととらえ、新規人材の採用、職場環境の改善、製造プロセスの明文化、顧客開拓など、次々と改革を推し進めました。その結果、社員の平均年齢は若返り、製造プロセスは新入社員でも自分で基本を学ぶことができ、社内レクリエーションが増えたことで社員のモチベーションは向上し、そして海外販売比率は3％から20％へと、改革の成果が数字となって表れたのです。

本書では女性でアメリカ帰り、かつ29歳で入社し41歳で二代目社長になった私が、先代や古参社員から軽視され猛反発を受けながらも諦めずに取り組んできた改革の軌跡をまとめています。

本書が過去の私と同じ境遇にいる次世代経営者のもとに届き、会社を変えるヒントを得るきっかけとなれば、著者としてこれ以上の喜びはありません。

from ZERO　地方の町工場をグローバル企業に変えた二代目女性社長　目次

［第3章］　古参社員が幅を利かす会社は老いる

思い切った世代交代こそ最強の会社組織アンチエイジング

[第4章] 「昭和の働き方」を良しとする会社は生き残れない

［第1章］

家業は地方で金属加工業を営む町工場

二代目女性社長の改革前夜

二代目社長の苦悩

「ゆっこちゃんが、手島精管の後継ぎだね」

医療用ステンレスチューブメーカーの社長の娘として生まれた私は、そう言われることが本当に苦痛でした。父や母から「長女だからなぁ」と直接言わないまでも後継ぎであることをほのめかされ、親戚や会社の取引先からもその言葉を言われると、次期社長を期待されているように感じ、そのたびに私は苦笑いを浮かべながらはぐらかしていました。二代目社長という概念もなければ、将来の夢さえも具体的にもっていなかった当時の私には、「社長」という言葉はまったくイメージできませんでした。

一般的に、事業承継にはM&Aや第三者承継などさまざまな選択肢がありますが、私の会社のような地方の中小企業ではまだまだ同族承継が一般的です。帝国データバンクの「全国企業『後継者不在率』動向調査（2020年）」によると、事業承継に占める同族承継（親族内承継）の割合は34・2％で、全項目中最も高い数字であることが分かります。

同族企業の子どもは、生まれたときからレールが敷かれ、社長の子どもだからという理由だけで将来の選択肢が決まっているようなものです。また、社長になっても「先代と比べられる」「新しいことに取り組もうとしても創業者や古参社員の抵抗勢力により改革が進まない」「社員にも取引先にも実力を認めてもらえない」など、悩みは尽きません。

親の会社の業績が悪かったり、自分の専門外の事業を行っている会社だったり、親が苦労して経営している姿を小さい頃から間近で見ていたりすると、後継者はどうしても親の会社より「良い」会社を選んで就職します。

私も、小さい頃から「長女だから」という理由だけで、会社を受け継ぐ子どもという色眼鏡で見られていました。それが嫌だった私は小学校高学年の頃から常に潜在意識のなかで「家の会社よりもいいところで働きたい」と漠然と考えて生きるようになりました。

私は5人姉妹の長女で兄や弟はおらず、入社するまでは父の会社の将来のことなど、まったく考えたことはありませんでした。また、父も当時はまだまだ現役だったので、仕事をただただ成し遂げる日々を送っており、事業承継のことなど頭になく、工場で働く父と同じくらいの歳の社員で成り立っている組織構成に満足しているようでした。

父が創業した町工場で生まれ育った

現在私が二代目として代表を務める手島精管株式会社は、医療用注射針の部材であるステンレスチューブのメーカーです。注射針は、どなたもご存じかと思いますが、私たちはその注射針のチューブ（管）の部分を製造している会社です。１９７０年にある町工場から独立した父が群馬県館林市で創業し、当時は母、叔父、叔母と何人かの知り合いとともに工場を営んでいました。当時貧しかった父は廃材で家を建て、私たち家族はそこに住んでいました。父は、家の敷地内で工場をスタートし、受注の増加に合わせて少しずつ人を増やすことで、徐々に事業を大きくしていきました。

父、手島二三男は１９４８年に栃木県佐野市の農家に生まれました。その頃はトラクターなどの農業機械がなかったので、祖父と祖母の手伝いとして、父を含めた兄弟5人は手作業で農耕の手伝いをしていたようです。家では牛を飼っていたと聞いたことがあり、父は牛に乗っていたこともあったようです。「お父さんは、カウボーイだね」などと、家族で笑ったこともありました。当時は戦後の貧しい時代で、父の家も例外ではありませんでした。
父は中学校を卒業したあと、隣の群馬県館林市の町工場に勤めました。貧しい農家の後を継ぐ気はなく、とにかく「稼ぎたい」という思いが強かったと聞きました。その町工場がたまたま、注射針を製造していたのです。父はそこで職人としての腕を磨き、ほどなくして工場長になりました。そして、幼稚園の先生をしていた母と出会って結婚し、1970年4月、23歳のときに独立する形で館林市に手島精密細管製作所を創業したのです。それが、私が生まれ育った実家でした。

創業当時、工場の仕事は100%、1社の医療機器メーカーから受注していた医療注射針用のチューブの製造でした。ステンレスチューブの製造工程は、基本的なもので7工程あります。以下は当社の工程の呼称になりますが、1．造管《ぞうかん》工程（ステンレスの板材を丸めて溶接し、素管を作る）、2．肉決《にくぎめ》工程（素管を引き抜き板厚を決める）、3．洗浄工程（引き抜き工程の潤滑油を洗浄する）、4．焼鈍《しょうどん》工程（加工硬化したチューブを熱処理し、ステンレスの素材を整える）、5．伸管《しんかん》工程（チューブの寸法を顧客要求事項に適合するよう調整する）、6．直線工程（前工程でコイル状だった製品を直線状にし、定尺に切断する）、7．洗浄工程（最終洗浄）、そして、検査を経て、梱包し、当社の製品として出荷します。精管の仕事はここまでです。注射針になるには、その先の針メーカーが当社の製品を針状に製造します。注射針といっても、長いサプライチェーンを経て、消費者に届くのです。

当時の館林市はある大手医療機器メーカーの下請けの町工場を中心に「針の町」を形成していて、注射針関連の中小企業だけで15社ほどあったそうです。父が独立前に勤めていた会社も同類の事業を行っていました。現在では時代とともに淘汰され、館林には4社の事業者しか残っていません。

会社のスタートはとても順調だったようで、仕事量はどんどん増えていきました。父の弟が工場長になり、家族だけで成り立っていた工場は、すぐに5人の職人さんを雇うほどになったそうです。かつて、創業当時の話ですが、母までも現場作業を手伝っていたとよく聞きました。幼稚園の先生として幼児のお世話をしたりピアノを弾いたりしていた母は、先述の焼鈍工程の作業をし、熱処理をする熱い現場で、作業を手伝う一方、5人の子どもの母親として日々を過ごしていました。私がお腹にいる臨月まで現場で働き、疲れて休もうとすると手を止めるなと怒鳴られていたそうです。今とはまったく違う当時の苦労がしのばれます。

創業から2年後の1972年、手島精管は有限会社手島精管製作所として法人登記し、同じ年に長女の私が生まれました。やがて母は工場の現場仕事から解放されることになったのですが、私が入社するまで事務職として経理や労務など、あらゆる事務仕事を担当することになります。私が小学生の頃、よく母の手伝いをしたことを今でも鮮明に覚えています。母は私たち家族だけでなく社員みんなの母親的存在でもあり、多くの人から慕われていました。会社はまるで家庭のような雰囲気で、その温かい雰囲気をつくっていたのは母だったと思います。

手島精管はそれからも得意先である大手医療機器メーカーからの受注仕事が増え続け、なんとか職人を18人まで増やすことができました。その頃には、「職人」ではなく「社員」と呼ぶようになっていました。売上も右肩上がりで、まさに順風満帆といったところです。しかし順調な時期は短いものでした。1973年、その大手医療機器メーカーが急遽、チューブを内製化したのです。その会社はいつの間にか自社工場を建て、手島精管の技術をすべて盗んで自社生産を開始し、外注は当社を含め多くの町工場が契約解除を余儀なくされました。

この事態を受け、手島精管が1年かけて5人だった社員を18人まで増やしたというのに、仕事が一瞬でなくなったのです。小さな工場に大量の在庫の山ができました。創業からわずか3年、法人設立からわずか1年で訪れた最初の危機でした。

それでも、父は諦めませんでした。家には私と2人の妹に加えて赤ん坊の双子が、そして工場には社員がいます。大勢の生活がかかっているのです。父は未経験だった営業に着手し、チューブを買ってくれる会社を探して関東中を駆けずり回ったそうです。

そうして見つけたのが、シャープペンシルやボールペンのペン先の管を作る仕事でした。幸い、父の純朴で誠実な熱意のこもった人柄が大手の文具メーカーの部長に気に入られ、パイロット、ゼブラ、トンボといった文房具メーカーに納入する管を何千万本という単位で発注してもらえるようになり、大量の在庫も無駄にならずに済んで、なんとか生き残ることができたのです。

1970年代半ばからは、別の医療機器メーカーの仕事を受注することができるようになりました。しかし安堵する暇もなく、次々に苦難はやってきます。ニクソンショックによる円高不況の影響で1979年には2億円の売上に対して2000万円の赤字に陥ったそうです。

その2度目の危機も耐えに耐えた末、乗り越えることができ、手島精管は再び軌道に乗ることができました。さらに追い風となったのは1970年代終わり頃から注射針の使い捨て（ディスポーザブル）が世界標準になったことでした。それまで治療や集団予防接種などで使われる注射針や注射筒は消毒して使い回しされていましたが、HIV、B型肝炎ウイルスの流行などにより再利用が禁止され、使い捨てが徹底されることになったのです。

企業経営には、危機がつきものです。手島精管も創業以来初めての危機を経験し、その後も起こる危機に対して必死に足掻き、父は会社を継続させてきました。

一家7人の手島家は、工場の隣の小さな家から私が小学4年生のときに少し離れた家に引越し、そして私が中学2年生のときにようやく一軒家を手に入れました。特別貧しかったわけではありませんが、父はほとんど贅沢をしないどころか、お金を使うことを極端に嫌う人でした。私は幼い頃、おもちゃをあまり買ってもらえなかったことを覚えています。

父はいつも背中を丸めて下を向いて歩くので、よく母に「お父さん、歩き方が変だよ」と言われていました。そうすると父は、「金が落ちているかもしれないだろ」と答えていました。そのときは冗談だと思って、家族は笑いました。しかし今思い返すと、おそらく父は大真面目にそう言っていたのだと思います。貧しかった頃の癖が染みついていたのでしょう。

父はとても厳しい人でした。怒ると鬼のように怖くて、木の棒を持って追いかけてきたこともあります。私たち姉妹が父に怒られて泣いていると、いつも母が助けにきてくれました。母はおっとりしていて優しくて純粋な少女のような人で、みんなに愛されていました。5人も子どもを育てて、破天荒な父を支え、私には考えられないほどのバイタリティをもっています。母はいわゆる「縁の下の力持ち」なのです。今だから思えるのですが、本当に大変だったと思います。

事業を経営するということが、波乱万丈で苦労の連続であり、両親の苦闘を目の当たりにして育ってきた私が、この町工場を継ぎたいという気持ちになっていくわけがありませんでした。

普通の女子だった私が留学した理由

私は若い頃はどこにでもいる普通の子で成績も平凡、一生懸命勉学に励んだことはほとんどありません。地元の女子高に進学し、中学校以来没頭していた体操部に入部したり、友達とバンド活動をしたりして、青春時代を楽しく過ごしました。小さい頃から母の勧めで英会話スクールに通っていたこともあり、学校の教科のなかでは唯一英語が好きでした。高校卒業後はなんとなく英文科を選び、短大に入ったあとも軽音サークルに入るなど、普通によく遊び、普通に短大を卒業しました。厳しい父がいた実家を出て、人生初めての一人暮らしは本当に楽しかったです。

短大は2年で卒業です。就職活動は実家に戻らないことが最優先条件で、東京の小さな貿易商社に入社することにしました。私はこの会社に3年間勤めたのち、アメリカへ留学することになります。

私がアメリカ行きを決めた理由は2つあります。1つ目は、商社の仕事で私の英語がまったく通じず悔しい思いをしたこと、2つ目は、当時どうしても父の会社に入りたくなかったことです。

1つ目の理由については、就職していた貿易商社での経験が大きく関わっています。商社の社長は大手総合商社の出身でなんと5カ国語を喋ることができ、私の小さな自信は脆くも崩れ去りました。

出張でニュージーランドに行かせてもらえる機会もありましたが、ろくに聞き取ることも話すこともできず、完全に挫折したのです。ほかの教科はダメでも英語だけは得意だと思っていたのに、自分の英語力のレベルの低さに愕然としました。

英語がビジネスで通用するレベルまで話せるようになりたいと思った私は、社長に英語を喋れるようになりたいと直談判しました。すると社長から「それなら学校に行ったらいいよ」と言われました。あとから聞くと、仕事をしながら夜間で日本にある大学に通ったらという意味だったそうですが、私は短絡的にも英語圏の学校に行けばいいという意味だととらえ、すっぱりと留学を決意し、その貿易会社を退職して渡米したのです。

渡米を決めた2つ目の理由について、23歳だった当時の私は、まだ社会人経験をしたい、もっと英語がうまくなりたいという思いが強く、どうしても父の会社に入りたくありませんでした。バブル期を直接経験したわけではなく、その名残の時代を過ごした私の世代では、当時人気のあったIT会社や銀行などに就職する同級生が多かったのです。

それに、また父と一緒に暮らすことも、父の会社に入社することも、館林に帰ることも、とにかくこのすべてが嫌でした。しかし商社で3年ほど働いていた頃、私は父から「そろそろ実家に帰ってきて会社に入ることを考えろ」と言われ始めていたので、仕事でよく東京に来ていた父に、そのうち引きずられて連れ帰されると思ったくらいです。

父は私に「後継ぎになれ」ではなく、「母さんの手伝いをしろ」とよく言っていました。父も父なりに母に苦労をかけたことに対して、負担を軽くしたいと考えていたのだと思います。

それでもまだ父は若かったので、すぐ後継者が必要だというわけでもありませんでした。ただ父は古い考えの人でしたから、23歳になったら女はそろそろ身を落ち着けろという思いがあったのだと思います。おそらく私が家に戻ったら、母の手伝いをさせながらも見合い結婚でもさせてその相手を婿養子にし、あわよくば後を継がせようなどと思っていたのではないかと思います。

そんな親に決められた人生を送ることも、父の会社に入ることもとにかく嫌でした。自分でも漠然と「ゆくゆくは後を継ぐのかな」と思いながらも、そのときはまだ自分でもその覚悟がなく、このままでは今までと同じ人生になってしまうと思い、海外行きを決断したというわけです。

渡米の決断はしたものの、さすがに父に黙ってアメリカに行くことはできません。もちろん私にアメリカ留学する貯金などあるはずもなく、留学費用も父に工面してもらわないといけません。そこで私は嘘も方便とばかりに、父にこう言いました。

「これからは、グローバル化が重要視されて、会社も海外のお客さんが増えるだろうから、英語が喋れる人が必要になる。私、必ず英語をマスターして帰ってきてお母さんの手伝いをするから、1年だけ留学させて」

母に頼んで母からも父を説得してもらい、なんとか父の了承を得た私は1996年、23歳でボストンへと旅立ったのです。

逃亡先のボストンでの楽しい生活

結論からいうと、私はボストンに7年もいました。最初に入った学校は、ボストン大学附属のCELOPというESL（English as a second language：英語以外を母国語とする人たちのための英語）で、そこでは父との約束どおり、英語を徹底的に身につけるため、日本人との交流を一切絶ちました。在学中は、多国籍のスクールメイトと楽しく交流していました。そのなかで、将来の話やなりたい職業の話など、多岐にわたり話をしたものです。そうするうちに、私も自分の将来についてより具体的に考え始めるようになりました。今、日本に帰って父の会社に入ることになったら、英語はできても、経営に関しては何もできません。スクールメイトのなかには、ビジネスメジャーへの入学を希望する生徒も多く、それに影響を受けたことで自分も帰国する前に経営の勉強をすべきだという思いが私のなかに芽生えました。CELOPを1年半かけて修了し、また、日本に帰りたくない思いもあったことから編入試験を受け、1998年からノースイースタン大学の４年制の学部に編入することになったのです。

ノースイースタン大学では経営情報システム（MIS）という学科（メジャー）を専攻し、経営とコンピューターについて勉強しました。アメリカの大学は、インターンシップ制度が本格的に導入されており、学生は即戦力として有給で働きます。私の大学は、そのインターンシップ制度を、「COOP（コープ）」と呼び、1年間またはそれ以上をインターンシップに費やしました。COOPを実施しないと単位にならないので、ビジネスメジャーの学生には必須項目でした。

私の初めてのCOOP先は、Dana-Farber Cancer Institute（ダナ・ファーバーがん研究所）という医療機関と、HRCAという医療福祉機関でした。ボストンは医療機関が非常に多いことで有名な街です。ダナ・ファーバーがん研究所のほかに、BWH（Brigham and Women's Hospital）、Children's Hospital、そして幹細胞の初期治療で有名なMGH（Massachusetts General Hospital）もあります。それぞれが専門性をもつ病院で、盛んに研究が進んでいるので、専門的な治療が受けられます。このような体制に関しても、私はボストンという街に感銘を受けていました。

ビジネスをもっと学んでから帰国したい、充実した有給インターンシップの制度があるからお金のことは大丈夫などと母に伝えて先延ばしを繰り返しているうちに、私はノースイースタン大学を卒業する29歳までの7年間をボストンで暮らしました。ボストンは本当に美しい街で気候もすばらしく、友達にも恵まれ、最高の環境でした。毎日が楽しく刺激的で学ぶことも多く、一生ボストンに住みたいとも思っていました。

人生で初めて真剣に勉強した

このとき、私にこれまでなかった大きな変化が起きました。それまでまともに勉強をしたことなどなかった私がノースイースタン大学にいた5年間、人生で初めて死に物狂いで勉強をしたということです。また、そうしないと単位が取れなかったのです。

周りの友達のなかには、高校から留学していた人も多く、英語力、特に発音がネイティブ同様だったことに衝撃を受けました。みんな学力が高く、宿題も山のように出るため、本来学生は勉学に励むというアメリカの環境にどっぷり浸かり、必死に勉強しました。また、大学で学ぶ間にパソコンの技術や知識も身につきました。大学に編入した1998年頃、まだ日本ではパソコンの普及率はそれほど高くなかった時代で、日本にいる間、私はパソコンに触ったこともなかったのです。最初にパソコンを見たとき、私は友達に「これってワープロ？　それともタイプライター？」と聞きました。友達は「違うよ、パーソナルコンピューターだよ」と私に答えましたが、私の頭は「？」マークでいっぱいでした。ノースイースタン大学のレポートはすべてパソコンで書かないといけなかったので、知人から中古のMacを買って必死に使い方を覚えました。学校のサーバーにつなぐだけでも、ものすごく苦労したことを記憶しています。

大学は勉強するところなのだという当たり前のことを思い知らされた7年間でした。留学によって「英会話力」がついたことはもちろん大きな財産ですが、何よりも「学ぶ力」が身についたことが、その後の私の人生を大きく変えたのです。

しかし、大学を卒業した私は、ついに日本に戻ることになりました。私が日本を離れて7年経ち、父は、事業承継を検討する年齢になりつつありました。父からもいいかげん戻ってこいと、母を通してしばしば言われており、私も留学させてもらった恩義があるため覚悟を決めなければならないと思っていた時期だったので、決意を固め始めていました。

２００２年3月、いよいよそのときがやってきました。私は意を決して館林に戻り、手島精管に入社したのです。入社日は２００２年3月13日でした。

「このたび、入社した手島由紀子です。よろしくお願いします」

朝礼で全社員の前で挨拶し、みんな温かく迎えてくれた日のことは忘れもしません。そして、楽しい仕事の毎日が始まったのですが、そこで待っていたのは恐るべきカルチャーショックの数々でした。

「社員を遊ばせる気か」とPCの導入を反対する父

私が2度目に社会人になったのは29歳で、そのとき父は54歳、母は53歳でした。アメリカから帰国し、手島精管に入社した私は、経理、労務をしている母の仕事を手伝うことからスタートしました。しかしそこに待っていたのは、とんでもなくアナログな世界だったのです。

伝票の類は一部ドットプリンターを使用してはいましたがほとんど手書きで、計算は電卓を使い、白い紙を使うのがもったいないからと広告チラシの裏に鉛筆とボールペンで書いて集計していました。当時の事務スタッフの華奢な指にはペンだこができていました。

私は愕然としました。エクセルを使えば簡単にできる仕事を、なんで今時こんなに古いやり方でやっているのだろう……。時代はとっくに21世紀に入り、Windows95が発売されてから7年も経っていて、Windows のバージョンはXPになっているというのに、なんと会社にはインターネットにつながったパソコンが1台もありませんでした。パソコンがないということは、もちろんメールアドレスもありません。顧客や仕入れ先との注文のやり取りはすべて電話とファックスで行い、ありとあらゆる取引の履歴を分厚い紙の台帳で管理していました。

アメリカの大学とインターンを通じて7年間パソコンを使ってきた私には、それはとても耐えられるような作業環境ではありませんでした。見ているだけで嫌になった私はすぐさま父にパソコンを買ってほしいと訴えました。すると父は、言語道断とばかりに、詆りの強い語気で言い放ったのです。

「ダメだそんなのは！　会社で遊ぶ気か！」

父はパソコンをゲーム機と勘違いしていたようで、インターネットにも否定的でした。

画面で情報を得るということはテレビを見るのと同じようなものだと思っていたようです。そのうえ父は異常なまでの倹約家でした。だからこそ経営者になったともいえるのですが、貧しい時代の癖が染みついていて、とにかくお金を使うことが嫌いだったので当時1台20万円もするパソコンを買うなんて贅沢極まりないと思っていたのです。

私はパソコンを導入すれば仕事がずっと簡単になってミスが減ることや、効率が上がるから元はすぐに取れることなどを説明するのですが、父はまったく聞く耳をもってくれません。結局口喧嘩のようになってしまい、しまいには「お前はアメリカ人か」などと言われる始末でした。「私は純日本人で、紛れもなくあなたの娘なんですけど……」と言ってしまいたくなる気持ちをぐっとこらえたことを今でも昨日のことのように思い出します。

何カ月もそんな不毛な言い争いをしましたが、それでも父はパソコンを買ってくれません。そこで私はある説得方法を思いつきました。父は証券会社を通じて株式投資をしていたのですが、その当時の売買手数料は５０００円～1万円でした。父は当時サービスが始まって間もないオンライン証券を知らなかったので、私はオンライン証券取引をするためにパソコンを1台導入しようと説得を試みたのです。

当初父は私の言うことを嘘だと決めつけ信じてくれませんでしたが、オンライン証券を使ったら手数料が1回500円であることなどをしつこく説得をしてようやく納得してもらい、なんとか1台パソコンを買ってもらうことができました。私が入社してからパソコンを1台購入するまでに、なんと半年もかかりました。

そして始めたゼロからの改革

これが私の「from ZERO」、ゼロからの改革の始まりでした。

父のもっている株式をすべてオンライン証券の口座に移し、実際に売買をして、本当に手数料が500円であることを証明してみせたのです。すると父は驚き、すっかり機嫌をよくし、株仲間にうれしそうに自慢していました。

私はまず越えるべき第1のハードルを越えたことに喜びを感じ、早速その1台のパソコンにエクセルをインストールして、それまで手作業で行っていた集計作業をデジタルに落とし込んだのです。すると当然ですが、集計は、自動計算で行われ、集計にかかる作業時間が短縮され、計算に使っていた大量の紙も不要になります。私はパソコンを使うことで作業がこんなに楽になった、効率が良くなった、母の仕事もこれだけ減った、と父にアピールしました。そうして事務所に2台、3台とパソコンを導入していくことができたのです。

ただし私が実際に目指していたのは、事務作業のみの効率化だけでなく、製造現場の各工程にパソコンを導入し、全体をサーバーでつないで、生産管理も含めて会社全体をデジタル化することでした。これはまさに私がノースイースタン大学で学んだことです。また、私がアメリカでインターンとして働いた機関ではさまざまな工程がデジタル化され、ペーパーレス化されていました。そうした環境で働いた経験があった私には、当時の手書きで作成する帳票で行っている工場でのすべての作業が、ひどく時代遅れであり、非効率的に見えていたのです。

デジタルシステムを導入し、業務を効率化したいという私の思いは、もはや経営の根幹に関わる部分にまで踏み込んでいました。しかし、そこから少しずつ親子関係の歯車が狂い出してしまったのです。

生産管理ノウハウは工場長の頭のなかのみ

父は、私にただ事務員として母の手伝いをしてもらいたいとしか思っていなかったので、私が経営に口出しすることは、父にとってひどく煩わしいものでした。

私はあるとき、現場にもパソコンを入れて生産管理システムを導入することを父に進言しました。システムを入れるためには数百万円から数千万円の投資が必要になります。すると思ったとおり、父は即座に反対しました。分からないことはすべて工場長に聞けばいい、製造業の現場は工場長が仕切るものであると言うのです。そのためシステム導入など不要というのが父の言い分でした。

確かに、現場を取り仕切っているのは創業当時から工場長として父を支えてきた叔父であり、現場はみんな叔父の指示に従って動いていました。もちろんマニュアルのようなものはほとんどなく、製造に関するすべてのことは工場長に聞き、工場長は口頭で指示し、仕事は進められていました。

ボストンの大学で経営を学んできた私は、このような状態に違和感を覚えていました。

それと同時に、非常に危機的であるとも感じていました。工場のスタッフはみんな細分化され、各自の仕事をこなすのみで、全体を把握しているのは叔父だけだったのです。その当時の日本の町工場はどこも似たような感じであったと思います。しかし、工場長も人間です。父と一緒に苦労をし、父よりも体を動かして現場を守ってきた工場長も、同じように年を取っていくのです。もし突然、工場長が病気になって入院してしまったら、何かの理由でいなくなってしまったら、この会社は大パニックに陥ってしまうに違いないという不安が浮上し、今の状況をシステム化する必要がある、と思い始めていました。

また、情報共有の仕方にも問題がありました。そもそも、情報共有そのものがほとんどなされていませんでした。時々父と工場長、現場の主任クラスの人が集まって会議をするのですが、誰も議事録を取っていませんでした。そして、会議で決まったことを現場のスタッフに伝えることもありません。会議で話されたこと、決まったことは参加者しか知らず、参加者の頭のなかにしか残っていないのです。

ですから、会議で話し合われた多くのことが実行されずに忘れられ、次の会議でまた同じことが議題に挙がるということが起きました。また会議で決まった内容に納得がいかない人が、勝手にその決定事項を無視するということもありました。会議自体が無駄になっていたのです。議事録がないため「言った」「言わない」の水掛け論が起こります。

そこで私は、自主的にすべての会議に出席して議事録を取ることにし、その議事録を社員全員に共有するということを始めました。このことについては、父も工場長も評価をしてくれました。みんな保守的で新しいことに否定的ではありますが、ただ頭ごなしにすべて拒否しているというわけではなく、便利になることに対しては歓迎してくれました。意固地ですが、やってみせて、実績を示せば、受け入れてはくれるのです。

私はこの頃から「この会社を改革しなくてはいけない」と強く思うようになりました。後継ぎになるのがとにかく嫌で、短大を卒業してから東京の商社で3年、アメリカで7年と、学ぶことに時間をかけてきましたが、今後はこれまでに学んだことをこの会社のために使って、会社を発展させたいと思い始めていました。それに、まだ父の後を継ぐかどうか分かりませんでしたが、「もし継いだら」ということを想定しながら改革を進めていこうと思ったのです。

こんな時代遅れのオペレーションを展開する経営では、この会社はすぐ世の中についていけなくなります。もしかしたら、このまましばらくして父が引退し、私が社長を継いだのちに会社が潰れることになるかもしれません。私が会社を潰すなんてことは絶対にあってはならないことでした。そう考えるうちに、「今すぐこの会社を変えなくては」という決意が私のなかで固まったのです。

受け身体質が染みついていた

私があんなにも家業を継ぐのが嫌だったのは、父と母の苦労を何度も聞き、そんな苦労を重ねてきた二人を間近で見ていたからでした。大手の顧客に突然切られ、100%仕事を失い、大量の在庫を抱えながら売り先を求めて人伝てに必死に駆けずり回っていた父の話。それだけでなくニクソンショックのような政治的な要因で倒産寸前の大赤字を背負い、金策に走る姿。顧客からの無理な交渉にも応じるがために生産管理に投資する余裕もなく、設備も古くなるばかり。会社に残された資産は、年齢を重ねた職人の技術。そして子どもを5人も育てながらそんな父の会社を支え続ける母の姿――。

それはまさに、日本の古い中小企業の典型的な姿でした。高度経済成長期からバブル期に成長拡大を続け、バブル崩壊とともに成長がストップし、大手の発注先系列から剥がされ、平成の失われた時代を生き延びるために必死な、中小企業の成れの果てのようでした。

この会社が蘇るために最も重要なことは、顧客に生殺与奪を握られた状況から脱却することだと考えました。そして、自立した力をもつ企業へと変化することが必要不可欠だと思いました。

取引先からの引き合いを受けるだけの受け身な工場から自社の技術と製品を自力で売り込み新規開拓ができる会社へ、儲けることしか考えていない一族会社から強い経営理念をもった企業へ、無数にある中小企業の一つからグローバルニッチトップへ、群馬の名もなき町工場から世界のＴＥＳＨＩＭＡへ――。当時の私はそんな思いをもち始めたのです。

［第2章］

技術を見て盗む時代は終わった

ノウハウを明文化し社員の能力を最大限に伸ばす人材配置を行う

会社の強みが分からない

群馬の名もなき町工場から世界のＴＥＳＨＩＭＡへ。そうなるために何をすべきなのか、私はこのときまだきちんと理解できてはいませんでしたが、少なくとも会社のなかのどこで何をしているのかを見える化する必要があると思いました。工場のなかはブラックボックスで、私にはこの会社の何が強みなのか、どこに優れた技術があるのか、どこが認められているのか、何も分かっていませんでした。

手島精管の強みのすべては、工場長の頭のなかと製造担当社員の腕に依存していました。工場長の勘と経験、製造担当者の感覚で達成する技術。それは、当社のすばらしい強みでもあります。しかし、ほとんどの管理作業は明文化する必要がありました。生産工程のプロセスはほとんど暗黙知で行われていたのですが、基本的な知識や伝達事項は口頭のコミュニケーションがメインで行われていました。「管理」はしていたものの、体系的な管理システムではありませんでした。教育制度はいわゆる徒弟制度のようなもので、先輩職人がやってみせて、口頭で教えて、目で見て教わるだけでした。あるとき何もせずにぼーっと立っている新規配属社員を見かけたので話を聞いたところ、彼は「先輩が『見ていろ』と言うから、見ているんです」とだけ答えました。私は「見ていろ」と言われたら、見て、メモして、聞いて、実践して、自分のものにする、ということが正しいのではないかと思っていたのですが、幹部社員だけでなく入社したばかりの若手社員ですら、このおかしな現状になんの疑問ももっていないのです。少なくとも、この会社のなかで行われていることをきちんと整理して、明文化し、デジタル化しなければ何一つ改革は始められないと、私は思いました。

ゼロから始まる改革の次のステップは、あらゆる工程の管理をデジタル化することでした。しかし、ただ生産管理システムを導入したいと父に進言しても、反対されて終わるだけです。そこで私は考えた末、2003年に一つの方法に辿り着きました。それがISO9001の取得です。

ISO 9001取得を目指し、たった一つの肩書きを手に入れる

ISO(International Organization for Standardization)はスイスのジュネーブに

本拠地を置く国際標準化機構という団体が制定した国際規格の名称で一般的には知られています。工業製品、医療、食品安全、天然資源、原子力、農業などのあらゆる分野でＩＳＯ規格が制定されており、２０２２年の現在ではおよそ１７０の国と地域で認証されています。そのなかで、ＱＭＳ（Quality Management System：品質マネジメントシステム）に関する標準規格がＩＳＯ ９００１です。製造業の品質に関する標準規格は、過去からＢＳ ５７５０、ＩＳＯ ２０００と引き継がれ、２０００年にＩＳＯ ９００１が発行されました。

ＩＳＯ ９０００は製品の品質保証に関する規格が中心でしたが、ＩＳＯ ９００１はマネジメントシステム全体を管理する規格に変わりました。プロセスアプローチという概念をもち、プロセスを管理し、プロセスの集合体をシステムと称し、その管理体制を確立するというものになります。そこで私は手島精管がＩＳＯ ９００１を取得することの必要性を訴えたのです。

父も工場長である叔父も、ＩＳＯ ９００１に関しては顧客からの要請が年々強まる傾向を受け、認識をもつようになっていました。以前から、日本の大手企業のなかでＩＳＯ

９００１はブームになっており、私たちの業界でも顧客の多くが次々に認証取得していたのです。

だからといって田舎の中小企業がＩＳＯ ９００１を取得する必要があるのかと思うかもしれませんが、私がＩＳＯ ９００１の取得を重要視していたのは、当社を含む多くの中小企業が顧客からの要請でＩＳＯを取得することを受け、当社はＩＳＯ取得をただの看板にしたくなかったという大きな理由があります。ＩＳＯは非常にすばらしいマネジメントシステムの規格で、日本のハイコンテクスト（メッセージを伝達する際に言語以外の要素を重視する）文化には絶対に必要であると確信していました。またグローバルサプライチェーンの理解を深め、同時に自社のマーケットにおけるポジショニングを明確化するためにも重要な役割をもつと思っていました。ＩＳＯの認証取得は、それはそれは非常に厳しいものらしいと父から聞いていた私は、「ＩＳＯは本当に、そんなにみんなが言うほど難しく厳しいものなのか?」と疑問をもち、勉強をし始めました。言われたことを鵜呑みにせず、自分で確認し、調べて、本質を知る、という癖は、この頃からついていたようです。そして、父や叔父のＩＳＯに対する苦手意識を逆手に取って、「うちもＩＳＯ

９００１を取ろう」と訴えたのです。

もちろん父は、大手も苦労していることを、うちのような中小製造業にできるわけがないと反対しました。そこで私は自信をもって説得しました。

「アメリカやヨーロッパではうちのような中小企業でもＩＳＯ ９００１取得は当たり前になっている。それに日本でも大手メーカーはきっとこれから外注先にもＩＳＯ取得を要求してくるようになる。ＩＳＯを取っていればお客さんからの信頼も高まるし、新しいお客さんもきっと増えるよ。ＩＳＯの認証取得には時間がかかるから、今から始めておかないと間に合わないよ」

またＩＳＯ ９００１には外部監査という項目があり、ＱＭＳシステムに組み込まれている外部監査を実施することで、顧客とサプライヤーである当社の良好な関係性を構築することができ、また自社の品質向上、顧客満足度の向上につながると、私は考えていました。それを聞いた父は、私が中心で本当に大丈夫なのかと半信半疑でしたが、最終的には了承してくれました。

こうしてなんの役職もない事務員だった私は、「ＩＳＯ管理責任者」というたった一つの肩書きを名刺に加えることになったのです。

ノウハウの共有、そして明文化へ

こうして、ゼロからの私の改革は進み始めました。

もともと工場内に立ち入るとき、元来好奇心の強い私は経理の仕事で納品書に記載してある聞いたこともない品目を見ながら「これは、なんだろう?」「これは何に使うのだろう?」「なぜこんなに値段が高いのだろう?」といつも疑問に感じていました。しかし今度は管理責任者として、正式に役目をもって工場の生産現場に足を踏み入れることになったのです。

最初のうちは工場全体のプロセスを理解するために、私は毎日工場に入り、一人ひとりの作業プロセスを洗い出し、何をしているのか、どんな作業をしているのかと社員たちに聞いて回りました。納品書に書かれている製品は何に使うのか、どのくらい使うのかなど、工場管理の基礎リサーチから始めました。

現場のリサーチは大変でしたが、有意義なものでした。社員のみんなが重い材料を運んだり、人体に悪影響を及ぼすような危険な作業を行ったり、過酷な環境だなと思うことも多々ありました。もちろん、こうやって高い技術力が磨かれているのかと感銘を受けることも多くありました。社員たちは当時の働く環境に慣れていましたから、どんな作業も平気だったのですが、慣れていない新人でもその作業ができるような生産プロセスを考案したいと、私は常に考えていました。

改善活動を進めているうちに、自社の職人がもっている技術のすごさが分かってくるようになりました。現在、手島精管の製造実績で最も細いステンレスチューブの外径は、0・127㎜です。定規を眺めると、それがどれくらいの細さか分かります。

これはほんの一部の例ですが、このような精度の実現に至るまでに、OJTを強化し、設備精度の向上を図り、高精度かつ高品質を追求し、ラインナップを約7000種類まで拡大し、1本から小ロットでの販売を可能にし、顧客へのレスポンススピードを上げました。これら全部の取り組みを強化した結果、当社の競合を知る海外顧客からも非常に高い評価を獲得することができ、それが私にとってさらなるモチベーションの向上につながったのです。

若い頃にはあんなに嫌いだった会社ですが、すでに改革の虜になっていた私は、出勤するのが楽しく思えていました。そして、この社員たちがもつ技術を伝承するために、共有すべき情報をデジタルに落とし込み、社員の能力を最大限に引き出す人材配置を実施することができたらどんなにすばらしいだろうと考えました。そのためにもＩＳＯ ９００１の取得は必要不可欠だったのです。

２００５年、ＩＳＯ ９００1取得のためのコンサルタントを起用し、私は猛勉強しました。ＩＳＯの知識も生産管理の知識ももちろんまったくありませんし、しかも一般的には情報がないニッチ製造業の生産管理を勉強することになったわけですから、すべてをゼロから学ばなければならず、最初はかなり苦労しました。

私の勉強に対する熱意は並大抵ではなく、コンサルタントも大変だったと思います。ボストンの大学生活を経験して勉強することには一切の抵抗がなくなっていた私は、土日も関係なしに夜10時頃まで勉強したこともありました。

まずＩＳＯを理解するために規格の勉強から始め、規格が何を求めているのかを理解し、そして求められている要求に応えるために、受注から出荷までの自社のすべてのプロセスをフローにし、マネジメントシステムをゼロから構築してそれを共有しました。もちろん、すべての文書や帳票はパソコンで作成し、そのためにＩＴの投資も父に交渉し、ようやく納得してもらえることになりました。その結果、２００６年1月、めでたく手島精管はＩＳＯ９００1を取得することができたのです。その頃には父はすっかりＩＳＯ肯定派になり、いつの間にか社員にその大切さを説くようにもなっていました。社内に限らず、父は事件のニュースを見るたびに、「ＩＳＯがなってない！」とよく言っていました。

生産管理システム開発をスタート　トレーサビリティの実現へ

ＩＳＯ９００1を取得したことで、私はいよいよ生産管理システムの開発を進めようと思いました。当初は手書きだった帳票類をエクセルに入力し、各パソコンで操作できるようにしました。ただし、この方法では複数ユーザーが同時にファイルを編集することができません。いよいよ生産管理ソフトの導入を検討する時期になり、最初に私が行ったのは、一般に販売されている生産管理ソフトのリサーチでした。しかし、汎用のシステムをぴったり自社に当てはめることはできないことが分かり、外部の方からのアドバイスもあってベンダーを起用し、自社システムを開発することになったのです。このプロジェクトには数年はかかることを覚悟していました。

2008年に、社内に生産管理システムプロジェクトを発足し、そのプロジェクトは「ネクストプロジェクト」と名づけられました。プロジェクトを進めるにあたって最適なメンバーを指名しました。若いメンバーたちは手書きでの管理伝達が中心だった生産プロセスを、どのようにデジタルに置き換えて、どのようにデータを管理していけばいいのか、などの洗い出しを始めていきます。そして、ようやく「ネクスト」と名づけられた当社初の生産管理ソフトが初めて実装されました。

しかし親子の間には、また溝が生まれ始めます。私の改革はISO 9001の取得で終わりではなく、むしろこれからが本番だと考えていました。ISO 9001は属人的で杜撰だった管理やチェック体制を構築されたQMSに沿って運営し、受注から製造、出荷までの一連のプロセス管理を確立するという私の目標の入口にしか過ぎません。生産管理システムを開発して導入することにより、より細かく製造プロセスを管理するまでが改革の目的で、そのためにはさらなる投資が必要です。

　生産管理ソフトの導入の次に私がやりたかったことは営業のグローバル展開でした。当時の海外との直接貿易による売上比率は3％ほどで、そのほかは商社を通じて輸出していました。私は7年間の海外での経験と、ISO取得を通して自社の技術を徹底的に勉強して得た知識から、自社の技術は世界でも通用すると確信していました。私は英語力を活かして海外の企業にも直接販売することの必要性を感じ、海外での活動を戦略として計画しなければならないと思い始めていました。

　しかし私がそのような思いを口にすると、父は当然のように否定しました。根本にあるのは、「経営」に対する考え方の違いでした。

　私は会社の将来のためにお金を使いたい、会社の成長のために投資をしたいと考えていたのですが、父は「お金は儲けるもののみ」という、昭和の時代を過ごした大多数の経営者がもつ考え方です。どちらも経営には必要なのですが、主張する部分に違いがあったのです。戦後の貧困の時代に生まれ育ち、高度経済成長期からバブル崩壊と、あらゆる時代を味わった父は、「余計なことはせず、今までどおり、真面目にコツコツと働いていればいいんだ。とにかく仕事をしろ」とよく言っていました。しかし、私は「そもそも仕事とは?」ということから考え、仕事を多様に定義化し、運営するという発想でした。つまり、異なった考え方が互いの根底にあるのです。

パソコンの購入とISOの取得には投資の決意をしてくれましたが、父がプロモーションや、さらなるDX導入やグローバル化など、目に見えないものにお金を使うことを嫌うのは仕方がないのかもしれません。しかし私は、これからの時代を生きる企業は常に効率のためのデジタル化、グローバル化に向けた改革を将来のために実施すべきだと思っていました。そして父に直談判を続け、そのたびに親子喧嘩になったのです。

私がいちばん悔しかったのは、父を含めた社員たちは、先代である父のマインド、というより「昭和のマインド」を全員がもっていると感じたことです。父は私と対等に話してはくれず、いつも私を子ども扱いしており、私に対する父の接し方がそのような感じなので、社員も同様だったと思います。

古参社員たちはみんな私のことを「由紀子さん」と下の名前で呼び、親しんでくれてはいましたが、なかには私が何か意見するたびに「女のくせに生意気だ」「社長の娘だから」

などと思っていた社員もいたと思います。今では男女平等や女性活躍が当然のようにいわれていますが、当時はまだ女子社員は寿退社するのが当たり前だった時代です。ましてや父の世代の人たちには、「男は働いて稼ぐもの、女は男に従うもの」というような暗黙の男尊女卑思想のようなものが残っていました。

入社して7年以上が経ち、ＩＳＯの管理責任者として実績も出し、マネジメントシステムも作ったというのに、私は相変わらず対外的には役職がないままで、私には自分の裁量で決定できる権限が何一つありません。私は「ＩＳＯ ９００１の認証取得は、父にとっては私を一人前と認めるほどの価値ではないのだろうか」と父に対する不満が募りました。これ以上の改革を進めるためには権限が必要です。いちいち父に提案して反対されて、そのたびに説得してということを繰り返していたら、改革に何十年もかかってしまいます。

しかし状況を打破することはできず、父と私の関係は日に日に悪くなっていきました。言い争いは日常茶飯事で、互いに一歩も引かない状況が続くなか、こじれた喧嘩は、家族関係にまで悪影響を及ぼすものになっていました。その喧嘩を見ている母に対しては、いつも申し訳なく、不憫に感じておりました。このままでは、私は経営者として父に一生認めてもらえない、この会社を発展させるためにはまだ必要なことがあるはずだと思った私は、もう一度アメリカに渡ることを決意しました。MBA（Master of Business Administration：経営学修士）を取得し、経営についてもう一度根本から学び直そうと思ったのです。

MBA取得を目指して再びボストンへ

MBAを取得できる学校に入学するためには、GMAT（Graduate Management Admission Test）というテストに合格すること、ペーパーを提出すること、面接することの3つが必要です。また、MBAは大学附属のコースで2年半ほどかけて学ぶことが一般的です。しかし2年半も学校に時間をかけたくないと思った私は、1年制のMBAがあるという情報を得て、リサーチを始めました。その頃にはインターネットが普及していたので、私は仕事が終わるといつもリサーチ作業に明け暮れていました。その結果、ボストンに1年間でMBAを取得できるHULT International Business Schoolという経営大学院があることを知ったのです。HULTは世界中の多くの国から学生が集まり、国際色豊かであることが特徴で、生徒数も毎年増えており、グローバル化も進んでいました。

早速、私はGMAT対策のために仕事が終わると勉強し、週末になると渋谷の試験会場に何度も足を運び、テストには6回落ちて7回目でようやく合格に漕ぎ着けました。結局GMATに合格するまでになんと1年半近くかかってしまいました。

父とは喧嘩をしたままだったので、ISOのコンサルタントの方に私がMBAの大学院に行くことを伝えると、彼は心配して、「せっかくここまで作ってきた生産管理システムはどうするんですか！」と私のHULTへの進学を止めようと説得しました。

そのコンサルタントの方には大変お世話になったものです。経営に関しては、父と私が同じ山の頂点に向かっており、会社を成長させたいという思いは同じである、ただ登るルートや登り方が違うだけだと言ってくれました。私もそのことには納得していましたが、父の登り方ではもうこれ以上は登れず、登るルートや方法を変えなくてはならないということに気づいていたのです。

「今度は後継ぎから逃げるためではなく、この会社のために必要なことを学びたい。自分のやるべきことを実現できる社長になるためにアメリカに行こう。経営者として認めてもらえないのは、経営の知識や経験がないからだ。だったら経営の最高学位であるＭＢＡを取って、父からも叔父からも社員からも認められる社長になろう。そして海外展開を行ってグローバル経営をしよう」

私はそんな思いを抱えていました。目の前のプロジェクトよりも、将来的な経営の実力をつけるためにＭＢＡの取得を目指し渡米を決断したのです。

ただし、今回のアメリカ留学に社長である父が賛同してくれるわけがないことは、重々承知していました。そのため、今回は父の許可を取らずに出国することを覚悟していました。会社を解雇されるかもしれない、そうなったら海外でマーケティング会社を立ち上げて、顧客を獲得して手島精管を陰でサポートしよう、そう腹を括った私は出国前、父にこう伝えました。

「会社をどうしたいのか、私をどうしたいのか、社長として考えてほしい。お父さんは社長で、社長は決断することが仕事なんだから。私はもう一度アメリカで経営の勉強をし直してくるから、それまでに決断をして」

父は何も答えませんでした。そして２００８年６月、私は再びボストンに飛んだのです。

私を大きく成長させた2度目のアメリカ

アメリカでの学生生活は慣れていたはずでした。しかし2度目のボストン留学は、年齢も、過ごしてきた環境も、仕事の経験も、すべてが最初のボストン生活とはまったく違うものだったのです。

ボストン生活をすでに経験していた私は、また同じような環境だろうと甘くみていましたが、実際にＭＢＡを取得するためには、私にとっては過酷な日々を送るということでした。ほかの経営大学院では2年半かけて学ぶ内容をわずか1年で履修するので、予習に加え復習、リーディング、ペーパーのライティングなど勉強量が非常に多かったのです。移動時間を短縮するために、学校から徒歩3分のアパートに住んだのですが、そのアパートには多くの同じ学校の学生が住んでいました。みんな同じ「ＭＢＡを取得する」という目標をもって人生を捧げていたのです。

アメリカの大学での学習のメインは、予習です。授業を終えてすぐに当日の復習をし、次に膨大な量の課題を完了させ、翌日の予習をします。予習には、学ぶ内容について自分の考えをまとめるところまでが必要です。チームミーティングがある日は、それを実施します。毎日朝8時から夜12時まで勉強し、土日はずっとリサーチペーパーを書くという時期もあり、そんな生活を1年間続けました。

ただ、つらいことばかりではなく、チームでケーススタディのディスカッションをするときは、とても楽しいと感じました。私は自分のすべてのケーススタディ、すべてのプロジェクトで、手島精管を題材にしました。ファイナンス（財務）、アカウンティング（会計）、グローバルマネジメント（国際経営）、グローバルマーケティング、ストラテジー（戦略）、オーガナイゼーションビヘイビア（組織的行動）などのコースでも自社の数字を使いました。ただ経営学を学ぶのではなく、実践的に学びながら手島精管をこれからどう経営していくのかというプランを同時に立てていたのです。

HULTには、Action Learning Program（ALP）というコースがあります。実践重視で学ぶ、結果を出す、というビジネスにおいて非常に重要な要素を、実践して学べるというものです。私はこのコースが特に好きでした。

スクールメイトはまさしく戦友でした。私はiPhoneを購入し、今では日本でも普及したFacebookアカウントを作成し、アメリカはもちろん、ヨーロッパ、インド、中国など、1年間で世界各国の500人を超える友達をつくることで、ネットワーキングの楽しさとビジネスにおける重要性を知りました。とてつもなく忙しい大学院生活でしたが、多様なサークルやパーティーがあったことも良い思い出です。ハワイアンパーティーや、インドのヒンドゥー教のお祝いのディーワーリー、もちろんハロウィーンパーティー、そして日本人が主催となってジャパニーズフードパーティーなども行い、国際的に文化交流を行い互いの文化を理解することがとても楽しかったです。日本のパーティーでは、寿司、天ぷら、うどんなどを自分たちで手作りして、海外のスクールメイトも大変喜んでいました。

HULTのスクールメイトには、私と同じ、ファミリービジネスの次期後継者がたくさんいました。実家が事業をやっていて自分がいずれ社長になるからその前に経営学を学びにきたという、後継ぎ予備軍です。そして彼らがファミリービジネスクラブというサークルを立ち上げ、私も参加しました。HULTでは、自主的にクラブやサークルを立ち上げ、自主的に活動するという文化が根付いており、私はその文化が非常に好きでした。

ファミリービジネスクラブではおのおのが実家の会社で起きているさまざまな問題をカミングアウトして、どうしたらいいのか皆で話し合うことで私たちは意気投合しました。実家がベネズエラのコンテナ管理の会社をしている人や、イタリアでパスタの製粉会社をしている人などいろいろな人がいたのですが、驚くほど抱えている問題が酷似しているのです。

親子の対立、兄弟や従兄弟との対立、古参社員との軋轢、属人的な経営、硬直化する組織、古いやり方の踏襲、進まないＤＸなど、ファミリービジネスあるあるのオンパレードでした。私たちはそれを聞いて互いに笑い合い、それと同時にこのような悩みを抱えているのは自分だけじゃないんだと少しホッとしていました。このファミリービジネスクラブではこれからも情報交換を続けて助け合おうと言い合い、実際今もFacebookで情報交換はしていますし、卒業後にイタリアの友達の家に何度も行ってその家族と過ごし、国は違っても家族という概念は世界中一緒なのだということも、再度実感しました。

ボストンにTeshima Internationalを設立

1年間、無我夢中で勉強した結果、2009年8月に私はHULTでMBAを取得し、在学中に考案していた今後の手島精管の経営方針も整理できました。

しかしまだ解決していない問題がありました。父と私の間のこじれた親子関係です。母とは連絡を取っていたので、父が私をどうしたいと思っているのか聞いてもらったのですが、1年経ってもはっきりとした答えは返ってきません。

そこで私は考えていたプランの順序を少し変更して、せっかくアメリカにいるのだからここに先にグローバル展開の拠点をつくることを決めました。アメリカの弁護士と税理士に協力を依頼して2009年9月に会社を設立し、海外マーケティングをスタートさせます。

初めの1年は環境整備であっという間に時が過ぎてしまいましたが、2年目からはヒューストンで初めての金属チューブ関連の展示会にも出展し、自社製品のプロモーション活動を開始しました。こぢんまりとした展示会でしたが、そこで初めて私は自社の技術を海外の人に英語でプレゼンテーションをする機会を得ることができたのです。このときには新規顧客の獲得はなりませんでしたが、それはものすごく刺激的で新鮮で楽しい経験でした。

「帰国せよ」母からのメッセージ

2度目のアメリカ滞在2年目のある日のこと。母と電話していると、衝撃的なことを告げられました。

「ゆっこちゃん、せっかく取得したＩＳＯだけど、現場の人たちみんなちゃんと守っていないみたい。このままじゃ、また元どおりになっちゃうよ」

それを聞いた私は、即座に日本に帰らなくてはと思い立ち、ボストンの事務所をそのままにして、すぐに帰国の準備を始めました。父との関係はまだ修復していませんでしたが、それよりも、苦労して培ってきたＩＳＯシステムと生産管理システムを見捨てることができず、２０１０年11月、私はボストンを飛び立ち日本に戻りました。

私が出勤すると、社員が私を見て動揺しているのが分かりました。そして母が言うとおり、私が構築したＩＳＯマネジメントシステムが遵守されていないことが発覚し、なかには嫌な顔を隠そうとすらしない人もいました。

私は、再度意を決して、自信をもって自分のやるべきことを堂々と行い、絶対にこの会社を立て直すのだと覚悟を決めました。

私は会社の基幹システムを構築した責任者として、このシステムを守る義務がある――。私は一人でそう決意し、現場に入りました。このときも、父は何も言いませんでした。

［第3章］

古参社員が幅を利かす会社は老いる

思い切った世代交代こそ最強の会社組織アンチエイジング

現場社員と対立しても、改善を進める

現場の見直しを始めた私はすぐに、管理体制が明らかに緩んでいることに気づきました。不良品が出た記録があるのに、ＱＭＳで規定した記録がありません。不良発生時に取られるべき再発防止のためのプロセスが実施されていませんでした。随所にサボった形跡があったので現場の担当者を問い詰めても、ちゃんとやっていると知らぬふりをするばかりです。

確かに社員の腕は衰えておらず、品質は担保されていました。しかしこの管理体制では、将来的に品質を維持することは難しい、と感じました。

そこで私は早急に戦略を練り始め、次々と改革や改善活動を行いました。工程を細部までチェックし、あいまいなところをすべて洗い出し、ダブルチェックを徹底するなど、管理体制を見直したのです。アメリカでビジネスを学び、ＭＢＡを取得した私は得た知識すべてを手島精管に注ぐ決意をしていました。そして、強い意志をもって実行に移しました。

あとから聞いた話ですが「由紀子さんがパワーアップして帰ってきた」と、社内で皮肉混じりに言われていたそうです。私はさまざまな問題を見直し、もう一度ＱＭＳの遵守を徹底させ、それとともに留学で中断していた生産管理システムの開発を進めていったのです。

生産管理システムでトレーサビリティを厳格化

２００８年に生産管理システムを確立させるためにスタートさせた「ネクストプロジェクト」は、私の２度目のアメリカ留学で当初の予定から大きく遅れてしまっていました。私はこのシステムの開発を、「プロジェクト」という言葉を発したこともない現場スタッフで編成したメンバーに任せていました。現場主体で開発を進めるということが、社員にとって良い経験になり、成長につながると思っていたからです。私はメンバーを信じてプロジェクトを託し、渡米しました。アメリカにいる間、私はバックヤードでこのプロジェクトをサポートしました。しかしこれが大きな間違いでした。管理される側のスタッフが、自分たちを管理するシステムを作るということがいかに矛盾のあることなのか、私は気づきました。

生産管理の真髄は、ＱＣＤ（Quality〈品質〉、Cost〈コスト〉、Delivery〈納期〉の頭文字を並べたもの）をベースとしたトレーサビリティの確実性にあります。当時のＱＭＳ構築のスタートは工場にある仕掛品をすべてデータで管理することでした。当社の仕掛品はコイル状になっており、以前は手書きの荷札を使用していましたが、材料を含め、それをすべてバーコードで管理できるようにしました。そして受注から出荷までのプロセスをデータ化することで見える化し、作業の細部まで管理できるシステム構築を実現させました。

このＱＭＳでは、不適合発生時に発行する「是正報告書」というものがあります。不良が発生した場合、不良発生の報告を発信し、対象部門が対策し、再発防止に努める、というプロセスです。作業員が作業しやすいように、作業プロセスを改善することが不良発生を防止し、効率的な良品生産を実現できるよう、継続的に改善していきます。

しかし、私がアメリカから帰ってきた２０１０年に作られていたシステムは、現場のスタッフにとって面倒なことはことごとく省かれ、チェック機能が欠落し、現場スタッフの仕事のしやすさが何よりも優先された仕組みになっていました。不良品が出てもどこで誰が出したのかが分からないような隠蔽が行われ、要はブラックボックス化が復活していたのです。

日本に帰国して事態の深刻さに気づいた私はシステムの開発をいったんストップさせて、見直し作業を重点的に行い、プロジェクトを再構築しました。新規にプロジェクトリーダーを擁立し、新たにシステム改修プロジェクトをスタートさせたのです。システム開発はそこから完成するまでさらに3年を要し、結局最初のプロジェクト発足から完成まで5年もかかってしまいました。

入社約10年で初めての役職を得る

私が2度目のアメリカ留学から帰国して数カ月が経った2011年、ある日の会議で突然父が言いました。

「手島由紀子を手島精管の専務に任命する」

事前に何も聞いていなかった私は、とても驚きました。いったい父にどんな心境の変化があったのかと不思議でしたが、私はそれについてはあえて聞きませんでした。

入社から約10年、ずっと平社員だった私に初めて専務という役職がつき、手島由紀子という人間がやっと父に認められたのだと感じました。そしてそれは、ようやく私の経営への参加が公式に認められた瞬間だったのです。今度こそ本当に自分の責任でやりたいことがやれる、それは私にとって大きなモチベーションとなりました。

生産管理システムの開発を最優先に進め、同時にマーケティングとプロモーションを進めました。当然ですが、いくら卓越した技術をもっていても、認知してもらえなければ新規顧客の獲得は実現しません。日本でも世界でもほとんど認知されていなかったこの会社を世界のターゲットカスタマーにアピールし、新規顧客を開拓することが専務としての役割だと私は考えていました。

展示会への出展で新たな扉が開く

従来から製品の直貿（直接貿易）は行っていたので、海外の顧客に需要があることは分かっていました。ただし、父は英語を話さないので、海外向けの営業は、すべて商社を通していたのです。

しかし、現代のグローバルビジネスでは、ミドルマンを介すことの非効率性を一般的としていることから、メーカーが直接顧客に用法を伝えることが重要であると、私は考えていました。ボストン留学時、学部ではこのことが教科書に載っているほどでした。現代はグローバルサプライチェーンを確立させるために、メーカー自身が世界に向けてビジネスを展開する時代になっており、中小企業でも大手企業でも、経営者は会社を運営するにあたり、豊富な経営的知識が必要です。当社の製品はニッチな業界にあり、海外顧客を獲得するのも難しい立場にありました。しかし、だからこそ私はＭＢＡで得た知識を駆使し、グローバルマーケティングを展開しました。私たちの強みは小ロットの販売が可能であること、そして圧倒的な品質と技術です。この強みを活かして必ず世界でも顧客を獲得できると考えた私は、海外事業に乗り出していきました。

海外へのマーケティングやプロモーションは、日本の田舎にある小さな製造業が簡単に世界を相手に勝負できるものではありません。そこでまずは日本での知名度を上げて顧客を獲得するために２０１１年、２０１２年に横浜で毎年行われるMedtec Japanという日本最大の医療系イベントに出展しました。そして2015年、いよいよ念願叶って海外の展示会に出展することになりました。ドイツのデュッセルドルフで毎年行われている欧州最大の医療機器見本市「MEDICA」の併設展「COMPAMED」に出展したのです。

MEDICAは、1969年からドイツで開催されている世界最大規模の医療機器の見本市です。近年は新型コロナウイルスの影響で規模を縮小して開催しているのですが、当時は東京ビッグサイト約18個分という巨大な会場に、世界150カ国からおよそ4500社が出展し、のべ20万人が来場するビッグイベントでした。

MEDICAの会場には、手術用の医療機器や、放射線治療機器、検査用の医療機器、遠隔医療システム、リハビリロボット、医療器具など、最先端医療のハイテク機器がずらりと並んでいます。日本の大手医療機器メーカーも出展しています。そこに世界中の病院関係者、医師たちが訪れるのです。

私はそのメイン会場であるMEDICAと同時開催されているCOMPAMEDに出展することを決断しました。COMPAMEDは医療機器を製造するのに必要な部品メーカーが出展するもので、MEDICAの最終日にはMEDICAの出展企業がCOMPAMEDに来訪し、部品メーカーを探索するのです。私はそこで顧客を獲得し、自社のPRを行いました。

海外の展示会に出展するためには、英語を話せるスタッフが必要です。私はMBA卒業後に設立したTeshima Internationalのインド人スタッフ1名と一緒に、展示ブースに立ちました。インドでは英語を義務教育で学ぶ教育文化ですので、英語に関してはまったく問題なく、しかも私と同じHULTの出身でしたので、ビジネス英語は完璧でした。彼は私が接客をしているときに来訪された方に対して軽快なビジネストークで対応を行ってくれたため、彼のサポートに大変助けられました。

先代の頃、手島精管には営業部がなく、英語が話せる社員もいませんでした。海外の展示会に出展する日本企業は通訳を雇うのが普通でしたが、私はそれをしませんでした。非常にニッチで専門性の高い技術なので、技術についてきちんと通訳できる人が必要だからです。

そのため展示会での戦力は私一人です。展示会の期間中はトイレ以外ほとんどブースを離れることはできず、ランチも用意しておいたサンドイッチで隙間時間に簡単に済ませ、夜は顧客に誘われてディナーに行くということも何度かありましたが、一日中100％の体力を使ってブースに立っていたので、ディナーに行くエネルギーもなく、クタクタだったこともあり、仕事のあとはほとんどホテルに帰って寝るだけでした。また時差ぼけもあったため、夜中に起きては日本に向けての仕事をしていました。スケジュールもほぼ展示会のみの弾丸スケジュールで行っていたので、出展のためにドイツに10回近く行ったというのに、1回もドイツ観光をしていません。今思えば真面目過ぎたというか、なんだかもったいないことをしたと感じています。

展示会に出展することで、海外の新規顧客を多数獲得することができました。私の立てた戦略は見事成功を収め、多品種少量生産と高品質、英語での緻密な説明によるカスタマーサポートが評価されたのです。日本メーカーでは多くの場合、外国人の顧客に対してグループで担当し、英語を話す人はそのなかの一人もしくは数人です。一方私は英語で商談を行い、リアルタイムで受けた引き合いを日本へメールで送り、次の日には顧客に見積もりを届けました。リアルタイムレスポンスを実施して、どの企業よりも速いスピードで受注獲得まで行き着いたのです。このリアルタイムレスポンスが、顧客獲得につながった大きな理由でした。海外顧客との取引には、スピードと明確さが求められます。特に、時差があるので、より一層リアルタイムを目指すことが求められ、それを実施することはとても大変でしたが、やりがいはそれ以上にありました。

もちろん、値段の折り合いがつかず、取引が成立しないこともあります。最近では中国をはじめとしてアジアのメーカーが台頭しており、かつてのMade in Japan製品は、価格競争に負け始めていました。中国製品でも、以前の安かろう悪かろうという状況ではなく、なかには日本メーカーよりも高い技術、品質で展示会に出展しているメーカーも増えていました。しかし、私たちの業界はニッチであることもあり生産が難しく、高い技術を要する製品に対しては、日本メーカーに依頼する企業が多くありました。

また、2013年には、アメリカのカリフォルニア州アナハイムで開催される北米最大の医療機器見本市である「MD&M West」への出展を始めました。この展示会にはおよそ2000社が出展、2万人以上が来場し、私たちはここでも多くの顧客を獲得することができたのです。

海外売上比率を3%から20%に引き上げた世界戦略

私は英語で交渉するのが得意です。特にビジネス交渉の際には、ロジックを立てて明確に説明することが求められます。あいまいなニュアンスの言葉が多い日本語は、英語では理解されにくい傾向にあり、白黒はっきりしたストレートな英語のほうがずっと通じるのです。今では、「5W1H」という言葉も日本には浸透しているので、当時よりはより説明が上手な日本人も多くいると思います。それに、そもそもビジネスについては英語で勉強した経験もありましたし、MBAでは、ケーススタディ、ペーパー、リーディングなどすべて英語だったので、ビジネス用語も英語のほうが豊富なのかもしれません。

それに、この頃には自社の製品のみならず、金属加工についての知識も十分なものになっていました。ISO 9001の管理責任者となったことで、会社にあるすべての技術、工程を言語化して管理する体制をつくることができていたからです。

そのため、相手が話す要望も理解することができるようになっていましたし、自社がもつ技術をきちんと伝えることができるようになっていました。先方の話を聞いて、要求されている精度、品質、コスト、リードタイムの概要をリアルタイムに伝えることは、意思決定者として必要な要素であり、意思決定者と話す顧客はとても意欲的に商談に応じてくれました。ビジネスディスカッションやネゴシエーションは本当に楽しく、それが結果となることに、私は喜びを感じていました。

海外顧客とのコミュニケーションは主にメールで行っていました。リアルタイムレスポンスを実現するために、展示会の会期中は欧米の日中に日本に引き合いを送り、欧米が夜を迎える頃に日本が朝になるので、私たちが寝ている間に日本から見積もりが送られてきます。そしてそれを次の日に顧客に送る、面談が必要であれば展示場のブースで対面で行う、というスピード感で仕事を行っていました。そこまで迅速な対応をしている日本企業は、当時はほかになかったのではないかと思います。

こうして手島精管は、海外の展示会で世界中の数多くの新規顧客を獲得していくことになります。海外展示会に出展する以前、海外への直貿比率は売上全体の3％ほどでしたが、現在は20％にまで上昇しています。商社を通して販売する案件を加えると50％になります。商社への販売も重要な要素です。住み分けを明確にして、日本製品を海外に販売するということが日本の発展にもつながると考えると、小さい企業ながらに日本にも貢献しているということが実感できて、大変うれしいものです。展示会の成果がこのように数字となって表れることで、さらにうれしさが増します。戦略を練り、ビジネスを展開し、数字で結果を出すことの意義を、真に理解した時期でもありました。

新工場建設プロジェクトを遂行

私が専務に着任した頃、もう一つの大きなプロジェクトが走り始めました。新工場建設プロジェクトです。

実は父はずいぶん前から、新工場の建設をしたいと話をしていました。増産の積み重ねで会社を大きくしてきていましたから、新しい機械を導入したり在庫の数が増えたりで、既存の工場はもうかなり手狭になっていたのです。従業員も増えたので、安全を確保するのも少し難しくなりつつありました。また建屋は大変老朽化しており、雨漏りは当たり前、隙間も多く、工場内をネズミが走りまわることもありました。ですから、新工場の建設と移転というのは、私の目から見ても望ましいことのように思えました。

また、私にはもう一つ、若手の人材を増やしたいという思いがありました。新卒採用を実施し、社員の平均年齢を下げ、若い人が魅力を感じるような会社にしたかったのです。当時の社員は父と叔父のもとで20年、30年と働いてくれているベテランの人たちが大半で、従業員の平均年齢は47歳にもなっていました。高卒で入社した若手も数人いることはいたのですが、数は多くはありませんでした。といっても新卒社員が最後に入ったのは私が入社するよりも7年も前のことで、その若手社員もすでに30代半ばになっていました。かれこれ15年ほど、まともに採用をしていなかったのです。

ベテラン社員はもうあと5年か10年もすれば定年退職を迎えるため、若手社員の採用は会社の将来を考えれば必ずやらなければならないことです。ただ、歳が若ければ誰でもよいというわけではなく、大学卒や大学院卒の人も採用したいと考えていました。

かつては若いうちからベテランのもとでとにかく働いて手に職をつけて、一人前の職人になっていくという世界観の会社でしたが、これからの時代、受け身体質から脱却して会社を組織化することの必要性を感じていました。社員数が増えると、当然組織化が必要です。会社組織としてビジネスを展開するために、優秀な人材を積極的に採用していきたいと考えていたのです。また、当時の会社に女性は事務員とパートしかいなかったため、女性社員も積極的に採用したいと思っていました。

しかし私がMBAを取得し、帰国した2010年頃、リーマンショックの余波も落ち着き、世の中は一気に人材不足になっていました。就職市場は完全に売り手市場で、優秀な大卒はみんな大手企業か外資系か公務員か名前の知れたメガベンチャーを目指すのが当たり前でした。地方の中小企業にとって採用難の時代に突入していたのです。

当時の手島精管は従業員約40人のどこにでもある田舎の中小企業で、学生からの知名度はもちろんなく、BtoC製品を作っているわけでもないので、一般消費者にもまったく知られていませんでした。注射針に使うチューブを製造していると説明したとしても、魅力的だと思う人はおらず、ISO 9001を取っている、ドイツやアメリカの展示会に出展しているなどと言っても響きません。

群馬県の館林という田畑に囲まれた工業団地にあり、地元の人には多少は知られていましたが、一般の人からすれば、ただの中小の製造企業です。給与面に関しても大手企業に敵うわけでもなく、特に女性の給料は低くて福利厚生が整っていたり何か特別な資格が取れたりするわけでもありません。なんの変哲もない、ただの中小企業でした。

そのうえ、工場が古く老朽化していたら、若い人が応募してくれるはずはなく、優秀な女性など来てくれるわけがありません。そこで私は新工場の建設を急務のプロジェクトとして考えました。

新工場の建設は、父の最後のプロジェクトとして認識しており、だからこそ父のリーダーシップで父が思い描く理想の工場を建設してほしいと思っていました。父なりに新工場の建設に向けて、計画を少しずつ進めていたようですが、父から具体的な話を最初に聞いたのは2度目のアメリカに行く前で、7年かけて探した土地だけは、見つけることができたようですが、具体的な建設計画は一切進んでいませんでした。

父に新工場をどうするのかと尋ねると、「トイレは広くてきれいなほうがいい」「エントランスには植木を植えたい」など、衛生面、意匠面については、積極的に答えます。もちろん、それらは重要なことですが、もっと優先して考えるべき具体的な計画に関して、設計会社、建築業者などは、一切決まっていませんでした。「設計はどこに頼むの?」「いつ工場を建てるの?」「資金はどうするの?」など、私の質問は止まりませんでした。しかし、父からはあいまいな答えしか返ってきません。私と同じで時間を無駄にするのが嫌いな父でしたが、60代になって昔のエネルギッシュで、スピーディーで、鋭い判断力をもち、人を戦々恐々とさせる、私が知っている父ではなくなっており、この頃から私は父の老いを感じていました。

私は結局新工場建設計画を自分が進めると父に宣言し、「工場新築プロジェクト」を立ち上げ、自主的にスタートさせたのです。

私はまず、建設設計事務所のリサーチから始めました。そしてある環境関係の展示会に行ったとき、国際的で環境を重視している設計会社を見つけたのです。その展示会は、今後のエネルギーや環境について、省エネを中心に開催していました。太陽光パネルやキュービクル（高い電圧を施設で使える電圧に変換する機械を収めた設備）による省エネなど、私が今まで考えたことのない分野の展示会だったので、大変新鮮でした。その設計会社を選んだ理由は、グローバルレベルで環境に配慮した工場にするためのプレゼンテーションを見たことがきっかけでした。電力需要のピーク時を避けた値段の安い深夜電力で氷や温水を作り、昼間の冷暖房に活用するエコキューブ（氷蓄熱式空調システム）など最新の省エネ設備を取り入れ、なおかつローコストで運転できるような工場を設計できるという点を評価しました。

私は早速父にこの会社のことを提案したのですが、父の考えは、設計は地元の知り合いの建設会社に頼めば安いし、それがいいというものでした。父の思いどおりにしてあげたいということと、今後の会社のために私の選んだ選択肢で進めたいという2つの思いが、私のなかにありました。私はどうしても、この新社屋を未来に向けたものにしたい、自分のやり方でプロジェクトを進めたいと強く思っていたのです。父と議論を重ねた結果、設計士や建築業者など、プロジェクトに関わるすべての業者は、私が決めることになりました。

次に工場内レイアウトの決定です。社内の各部門のリーダーを工場新築プロジェクトのメンバーに任命し、およそ50回のディスカッションを行いました。生産効率を高めるためのインからアウトまでの生産プロセスの動線を、メンバーと打ち合わせを重ね、まとめ上げたのです。もちろん全員の要望は叶わず、どこかで妥協案を打ち出さなければなりません。

　さらに、生産効率と職場環境を最も重視し、動線に基づく生産設備の設置の考案、製造キャパシティの見直し、設備の移設、増設、電気設備の配線など、細かいところまでプロジェクトメンバーと密にディスカッションを重ねました。

　また、私はアメリカで多くの会社訪問や工場見学をしたこともあり、理想のカフェテリアのイメージをもっていました。そこで社屋内に社員食堂をつくり、メニューを複数用意して、1食187円で選んで食べられるという、思い描いていた「ランチタイム」を実現させました。それまで社員は仕出し弁当や自分で作ったお弁当を食べていたのですが、プロジェクト開始のリサーチで、社員にとっての会社での楽しみはランチだというアンケート結果を得ていたので、当社の社員には温かいご飯とお味噌汁を提供し、ランチタイムを満足のいくものにしてほしいと思ったからです。実はこの社員食堂の計画は父には内緒で進め、社食サービスの会社とも密かに契約していました。

　社員食堂がオープンして初めてそれを知った父は当初、「こんな小さな会社にこんな立派な社員食堂なんか勝手につくって」と愚痴をこぼしていましたが、実際には結構気に入ったようで、その後来客があると顧客を社食に連れて行ってランチを奢るというのが父のルーティンになっていました。それを見た私はうれしくなり、密かに笑みをこぼしていたものです。

およそ半年をかけて、新工場の計画は細部まで固まりました。そして、2012年11月の起工、2013年4月末の竣工に向けて工場新築プロジェクトは最後の詰めに入ります。

業務停止ゼロ。ゴールデンウィークの7日間で工場を移転

いよいよ引越しの計画を立てる段階に突入します。私は、引越しのために通常業務を1日も停止しないという非常にチャレンジングな目標を立てました。当時の売上高は9億円ほどで、稼働日数を換算すると、1日業務を停止すればおよそ375万円の損失になります。当社規模の工場の引越しは、一般的には1カ月ほどはかかるといわれていましたので、1カ月工場を稼働しないとなると、約7500万円の損失となってしまいます。

この損失は、絶対に避けなければなりません。どうにかして引越しを短期間でできない

かと計画を詰めていくうち、最終的に損失をゼロにしようと考えました。つまり、ゴールデンウィークの7日間を活用し、引越しをすべて終わらせてしまおうというわけです。

機械移設業者、工事業者、設備業者と打ち合わせをし、部門単位、機械単位に引越しのリストを作成してそれぞれに工程を確認していきました。旧工場から新工場への設備の移転スケジュール、すべての設備の設置場所など、この引越し専用のガントチャート（工程管理表）を作り、10分刻みでスケジュールを組んでいきました。

例えば、この機械は最終稼働日の何時に稼働を停止したあと、どの部分を解体し、どのトラックに、どうやって積み込み、いつ出発し、新工場にいつ到着し、工場内のどの位置に、どうやって降ろすのか、そのときに想定されるトラブルはないかなどを、一つひとつチェックしていきます。新工場には機械を置く場所に位置決めのテープを貼って備えました。

結果として、引越しは大成功しました。２０１３年5月のゴールデンウィークの間にすべてを完了し、工場稼働の準備も済ませ、ゴールデンウィーク明けの平日に、業務を開始することができたのです。もちろん休日出勤手当は出していますが、支出を大幅に抑えることができました。あのときの社員、ベンダー、新工場プロジェクトに関わったすべてのメンバー、協力していただいたすべての業者の方々には本当に感謝しています。

新工場の面積は、旧工場の2倍ほどで、真新しい工場は工業団地のなかで特に光って見えました。これは単なる例えではなく、実際に夜になると看板が青くライトアップされて工場が照らし出されるようになっているのです。このデザインは設計会社のアイデアでしたが、会社のコーポレートカラーである青色がライトに採用され、実際に点灯されたロゴサインを見るととても美しく、これを見た父が感慨にふけっている姿を、私は少し遠くから眺めていました。

これからの中小企業の経営者が考えるべきこと

新工場が稼働を始めて半年ぐらいは、当然想定外のトラブルが多発し、私はその対応に日々追われていました。

また、2008年のプロジェクトスタートから紆余曲折のあった生産管理システムも新工場建設の前には完成していたので、新工場に合わせたバージョンアップも進めていきました。

その水面下で、私は経営改革の本丸に向けて準備を始めました。それは、事業承継であり、父から私へ社長のバトンを渡してもらうことでした。

なぜあれほど後を継ぐのが嫌だった私がこのタイミングで手島精管の社長になることを決めたのか、そして父と母の人生において、今が引退に最適なタイミングだと考えたのか。それは、私の両親に仕事以外の人生を過ごす時間をつくってあげたかった、若い頃苦労した分、もっと違う世界を二人で見てほしかった、そして何より、これからの経営は私に任せてほしいという思いがあったからです。

中学校を卒業し、すぐに工場で働き始め職人になって独立し、一代で社員約40人の会社をつくり上げた父を私は尊敬しています。昔かたぎの職人の棟梁であり、経営者として最大の経営努力をし、立派に会社を成長させました。これはひとえに父と母、そして叔父と社員の努力があったからです。しかし私は、会社の将来を考えたとき、経営を抜本的に変えなくてはならないと思っていました。

ただしこれは、手島精管に限ったことではありません。日本の中小製造業のほとんどが、変革の時期を迎えているのです。厳しい言い方になるかもしれませんが、日本の中小製造業は技術があり、製造スキルを持ち合わせているという点においては、国際的に評価されるほど優秀です。ただし、その輝かしい昭和の時代はとうの昔に終わり、平成の時代も去って令和という時代になって4年が経ちます。それにもかかわらず、日本の中小企業の体質は、それほど変わっていません。日本の中小企業の経営者は、もっと世界標準を視野に入れて物事を考えるべきであり、グローバル経営という概念を認識する必要があると考えます。

私の父をはじめ、日本人は真面目な国民性を持ち合わせています。顧客の要望に応じる形で研鑽と改良を重ね、すばらしい技術を持ち合わせ、すばらしい製品を作り出してきました。しかし、実際は大手企業の下請け業者気質が抜けきっていません。日本の中小製造業の多くは、顧客の要求どおりに対応し、真面目にものづくりを行ってきました。高度経済成長期からバブル期には、それでなんら問題がなかったのです。中小企業は仕事をしているだけで十分な利益を確保することができたし、心配することも何もありませんでした。

ところが、バブルが弾けて状況が変わりました。顧客である大手メーカーの経営が行き詰まり始め、大手企業の業績不振の結果、利益確保のために、徹底したコストダウンに走ることで下請け業者を苦しめてきました。韓国、台湾、中国、東南アジアに移せるものは移し、町の工場に容赦なく値下げ要求をしました。値下げに応じないなら他所に発注するなどと脅したとも聞いています。

地方の小さな町工場は、顧客の要望のとおりに値下げをするしかありませんでした。もし売上の半分以上も占める顧客に引き揚げられたら、会社は即座に倒産に追い込まれるでしょう。

1973年まで当社の顧客だった大手医療機器メーカーのように突然発注を止め、内製化をすることもありますし、安いサプライヤーに発注先を変えることもあります。そうしたリスクを回避するために、リスクマネジメントをすることが必要なのです。

中小企業は一つの企業であり、もう下請けではないのです。現在では、大手企業でも倒産する時代です。ですから、企業は大小にかかわらず、企業である以上はマネジメントの概念を変え、経営者としてビジネスを展開していくための知識をつけなければならないと私は考えます。赤字を補填するために銀行からお金を借りるという自転車操業をするような経営とは違い、利益を追求し、マネジメントのプロフェッショナルとして、すべてのステークホルダーに向けて誠実に会社を運営することが望まれるのです。

今、日本の企業の勢力が失われてしまった理由の一つとして、日本人のGreedy Mind（貪欲な心）が大きく関わっていると思います。これも、MBA在学中、あるファイナンスの教授から学んだことです。「人間は、欲深い生き物だ。この世の中は、人間の欲望で成り立っている、ビジネスも、経済も、政治も、会社組織も。このGreedy Mindを正しく認知することが重要だ」と。

日本は賃金が30年上がっていない国であることも、事実として報道されています。今こそが、中小企業を含む多くの日本企業がビジネスという観点をもって経営をすべきときなのではないでしょうか。ＩｏＴ（Internet of Things）や人材育成のための投資、新技術の研究開拓、グローバルマーケティングのリサーチと確立など、経営者のやるべきことは多岐にわたります。

受け身体質から抜け出さなくては先はない時代

2013年の手島精管の業績は悪くはなく、なんとか経営維持や従来のビジネスを継続することができていました。創業して間もない1973年に依存率100％の顧客に突然切られたという経験があったからこそ、父は必死に新規の顧客開拓を行い、複数の顧客から仕事をもらえる状態をつくっていました。そのことで、1社の顧客に依存するという状態になっていなかったのです。

顧客は常に新規に開拓し、売上ポートフォリオをベースに、バランスよく売り上げることでリスクヘッジすることが重要であり、昭和の考え方で経営を維持していくことは、すでに限界に達しています。グローバルな視野をもってビジネスを展開していくことが必要とされているのです。もちろんビジネスモデルにもよりますが、製造業の場合は、現状世界がマーケットであることから、グローバルにマーケティングを駆使していくことが求められているのです。

さらに、ＩＴへの投資は急務かつ必須要素の時代になり、製造の前提が変わったとも思います。業務は積極的にＤＸ化を推進し、ＩＴを経営ツールとして使いこなすことが必要です。当社もＩＴ化に関しては、まだ課題が多くあります。

「働き方」についても同様です。厚生労働省の「令和2年版 厚生労働白書」によると、男性雇用者世帯のうち共働き世帯の割合は66・2％となっています。夫婦が二人とも社会に出て一緒に子育てをすることが当たり前になりました。また、働き方に対する価値観もさまざまになっています。給与を少しでも多くもらうことに加え、ワークライフバランスを重視する人も増えてきているのです。こうした働き方の多様化を許容する仕組みを導入する必要もあると、私は思っていました。

父に引導を渡し、事業承継を行う

こうした時代の変化に対し、多くの中小企業の経営者と同じように、父も変革を好まない昭和の時代の保守派となっていました。23歳という若さで創業し、その後の人生をすべて会社のために捧げた両親だからこそ、若い時期苦労した分人生を謳歌してもらいたい、そのためには、私は今が事業承継をするベストなタイミングだと思っていました。そしてそれが、会社が生き残るための最適解だったのです。そこで私は父に、国がサポートする事業承継税制を活用して事業承継しようと提案しました。

法人版事業承継税制とは、「後継者である受贈者・相続人等が、円滑化法の認定を受けている非上場会社の株式等を贈与又は相続等により取得した場合において、その非上場株式等に係る贈与税・相続税について、一定の要件のもと、その納税を猶予し、後継者の死亡等により、納税が猶予されている贈与税・相続税の納付が免除される制度」です（国税庁ホームページ）。

2008年にスタートしたこの制度は、2014年に改正されて適用条件が少し緩められたものの、まだ非常に厳しいものがありました。その内容は、雇用していた従業員の7割をそのまま雇用し続けることや、承継者が親族であること、贈与者が会社の代表権を10年以上有していたこと、後継者が贈与の日まで3年以上その会社の役員であることなど、複数の厳しい条件がありました。しかし私たちはこれらをすべてクリアしていることが分かったのです。

父も事業承継については、長年考えていたようでした。

「お父さん、これはいいチャンスだよ。税制の条件を緩めたということは、国が事業承継のサポートをしてくれるんだよ。私たちもいつかは事業承継をしなければいけないんだから、このタイミングがベストだと思う」

私はありとあらゆるアプローチを行って父に事業承継の重要性を説明し、説得を試みました。長年、仕事重視の人生を送ってきた父には、環境を大きく変える決断ができなかったように見えました。引退と事業承継については、本来ならば社長が自ら決断しなければならないものですが、父はこのときその決断さえも私に任せていたのだと思います。

母からは「あのとき、お父さんはゆっこに背中を押してもらって良かったと言っていたよ」とあとから聞かされました。1970年に家の隣の小さな工場で創業してから44年、父はひたすら働き続けてきました。その集大成として、新しい立派な工場を建てることもできました。事業承継にはベストなタイミングだったと思います。

なお、事業承継税制は2018年にさらに改正され、条件がより緩くなりました。後継者が親族である必要はなく、M&Aを行うケースでも適用されるようになっています。それほど日本の中小企業の後継者問題は深刻になっているといえます。

私は淡々と事業承継税制と社長交代の手続きをこなしていきました。そして新工場移転から11カ月後の2014年4月、父は会長に就任し、私は41歳で手島精管の代表取締役社長に就任したのです。

社員の健康と環境に有害な薬剤の廃止へ

新工場を設立するにあたって、私は社長である父にある一つの提案をしていました。それは、製品であるチューブの洗浄工程に使っている有機溶剤であるトリクレン（別名トリクロロエチレン、トリクロルエチレン、三塩化エチレン）をなくしたいというものでした。

注射針のチューブの製造工程は前述していますが、再度簡単に説明すると、最も基本的な工程は、1．造管《ぞうかん》工程（ステンレスの板材を丸めて溶接し、素管を作る）、2．肉決《にくぎめ》工程（素管を引き抜き板厚を決める）、3．洗浄工程（引き抜き工程の潤滑油を洗浄する）、4．焼鈍《しょうどん》工程（加工硬化したチューブを熱処理し、ステンレスの素材を整える）、5．伸《しん》管《かん》工程（チューブの寸法を顧客要求事項に適合するよう調整する）、6．直線工程（前工程でコイル状だった製品を直線状にし、定尺に切断する）、7．洗浄工程（最終洗浄）、検査を経て、梱包し、そして最終的に顧客要求に適合した寸法に仕上げていきます。

この工程のなかで、洗浄工程では潤滑油の洗浄にトリクロロエチレン（トリクレン）という有機塩素化合物で構成される脱脂剤が使われていました。トリクレンは万能脱脂剤といわれており、かつ安価であるため、あらゆる金属加工の洗浄に使われています。

当社では創業以来40数年間洗浄工程にトリクレンを使ってきましたが、私はトリクレンが環境に対して有害物質であり、また人体にも悪影響があるという事実を何度も見聞きしたことから、この溶剤の使用を減少させることの必要性を感じていました。

トリクレンは衣料のドライクリーニングや、医薬品、香料、ゴム、塗料、樹脂などの溶剤としても使用されていますが、科学者による研究でその毒性が明らかになっていき、1970年代以降ほとんどの国で、食品および医薬品での使用が禁止になりました。また常温では無色透明で、刺激臭のする液体です。揮発性が高いため、吸い込んでしまう危険があり、もちろん、吸引した場合は体に悪影響を及ぼします。比較的低濃度のトリクレンでは頭痛、めまい、眠気など神経系の影響を及ぼし、高濃度のトリクレンを長期間取り込み続けると、肝臓や腎臓に障害が起こります。

日本では化学物質の審査及び製造等の規制に関する法律により、1989年に第二種特定化学物質に指定されました。WHO（世界保健機関）の一機関である「国際がん研究機関」の発がん性評価では、グループ1の「ヒトに対する発がん性が認められる」物質として規定されています。このがんリスクにより、労働安全衛生法の「第2類物質（特別有機溶剤等）」にも指定されています。これはつまり、特別管理の必要がある劇物ということです。日本では、有機溶剤健康診断（有機溶剤中毒予防規則　第29条）を受けることが法令で定められており、トリクレンを使用する社員への健康配慮に関しても、私の意識は高まっていました。

さらに、トリクレンは、大気汚染、水質汚染、土壌汚染に関しても有害であることが判明しており、環境省により、トリクレンによる大気の汚染に関わる環境基準が制定されています。このように、地球環境の改善に関して世界中で関心が高まっていることを受け、当社でも同様に取り組むべきだ、と思いました。

これほどまでに人体や地球環境に有害なトリクレンを、金属加工産業が使い続ける理由は、会社の洗浄工程においてトリクレンに代替できる脱脂剤が普及していなかったからです。存在したとしても、中小企業の資本力で代替できる値段ではありません。ただ、トリクレンを禁止すると、あらゆる金属加工では洗浄ができなくなりますので、限定的に使用が許可されているというのが現状です。

しかし環境問題が深刻に議論される時代になり、従業員の人体にも危険があり、地域の環境も汚染してしまう物質を使い続けることが問題視されるようになりました。トリクレンの取り扱いは、厳格な基準に従う必要があり、その管理や廃棄の手間、コストも無視できないものとなっています。

加えて、製造ラインに十分なキャパシティがあったとしても、洗浄工程がボトルネックとなって、工場が有する製造能力を必ずしも十分に活用できないという問題がありました。そしてこれが、受注から納品に至るリードタイムの短縮化を阻害する要因にもなっていました。

私はトリクレンの使用を削減すべきだと以前から思っており、工場を移転して代表を交代するというプロセスのなかで、その思いをますます強めていきました。

トリクレンの代わりとなる毒性の少ない有機溶剤がないかリサーチを行うなか、候補はいくつかありましたが、どれも脱脂力、有害性、コスト、規制といった面で、使えると判断できるものではありませんでした。次に、無害な洗浄液でどうにかできないかとさまざまな実験をしてみましたが、いくら時間をかけ、洗浄回数を重ねたとしても、トリクレンのように完璧に落とすことはできませんでした。

リサーチを進めるうちに、トリクレンを使わずに水洗浄を研究開発しているところが見つかりました。日立製作所です。そのことを知った私はすぐ、水洗浄の実現性に確信をもち、開発を進めることを決めました。実際に金属パイプの洗浄に水を使っているということを知りました。

ところが、ここで一つ問題がありました。確かに日立製作所ではパイプを水で洗浄していたのですが、洗っているパイプの径が太く、私たちが作っている注射針用の極細パイプでは管の中を洗浄するのは難しいと考えられたのです。しかしトリクレンを使わずに油を落とすことが可能だということが分かっただけでも私にとっては大収穫で、実現性が増しました。

ただ、粘性が低いトリクレンだからこそ極細パイプを洗浄できるという事実もあります。「やはりトリクレンでないと不可能なのだろうか」とも思いましたが、私は粘り強くリサーチと研究を重ね、最終的に、製造工程から見直すという結論に至りました。

「潤滑油から見直そう」これが私の発想です。手島精管で今使用している潤滑油の代わりに水溶性の潤滑剤を使うことはできないか、リサーチを始めました。結果、水溶性潤滑剤なら水洗浄が可能であることが判明したのです。環境や健康への負荷軽減はもちろんのこと、工業的生産効率の向上のためにも、潤滑油をトリクレン等の有機溶剤で洗浄するという工程を含まない、新規の金属チューブ製造法を開発しようと考えました。

1カ月で社員の7割が去った「水洗浄事件」

しかしこの考えによって、事業承継早々会社はまた大きな危機を迎えることになります。

2015年、私は新たな水洗浄プロジェクトを発足しました。具体的なミッションは、水溶性の潤滑剤を使った金属チューブの加工、そしてそれを洗浄できる水洗浄装置の開発です。このプロジェクトで、経済産業省が実施する、ものづくり補助金（正式名称は「ものづくり・商業・サービス生産性向上促進補助金」）を4回申請し、そのうち今回の水洗浄機の開発での申請は2回、すべて採択されることができました。

今回のプロジェクトメンバーは、半信半疑でこのプロジェクトに参加していましたが、従来のよしとされていた工程を真っ向から変えることに抵抗を感じていたようです。このプロジェクトに対して、当時会長になっていた父からも、うまくいかないのではないかと反対されましたし、工場長の叔父、工場のベテラン社員から若手まで、そんなの無理だと思っていたようです。

「トリクレンを使うのは常識だ」「由紀子社長は素人だ。現場を何も分かってない」「アメリカ帰りだかMBAだか知らないが、頭でっかちになりやがって」「これだから二代目は」「これだから女は」などと非難囂囂《ごうごう》、あらゆる反対意見が飛び交いました。

しかし、私は水洗浄、トリクレンを使わない洗浄方式をなんとかして実現させたい。科学的には実行可能なのに、抵抗勢力によって改革が進まない。私は改革を重ねてきて、最も改革の弊害となっているのは、人のメンタリティだと考えていました。私は、批判に反応するより、会社の将来を考えることに注力しました。私はもう一度、ＩＳＯの取得を実行することにし、今度はＩＳＯ　１４００１、ＥＭＳ（Environmental Management System：環境マネジメントシステム）の取得に着手することを決意したのです。そして、この取得のためには環境に悪影響を及ぼすトリクレンの使用量削減に取り組む必要がある、というロジックをぶつけました。

環境マネジメントシステムＩＳＯ　１４００１取得へ

「うちのような40人ほどしかいない中小企業がＩＳＯ　１４００１なんて取る必要があるのか」という反対意見も噴出しました。ＩＳＯの取得がどれだけ大変で、時間もコストもかかるのかということを、みんな知っていたからです。製造業にとって品質マネジメントシステムであるＩＳＯ　９００１が必要だというのはまだ分かるが、さすがに環境関係まで取る必要はないという意見です。

一方、私はＩＳＯ　１４００１が将来的にも絶対に必要だと思っていました。当時、世界は環境意識の高まりを見せていましたし、ＩＳＯ　１４００１の規格は２０１５年に11年ぶりにリニューアルされることが決まっていました。グローバル展開も進めていた私の会社にとって、その新しい規格を取得することは、大いなるアドバンテージになるはずです。そして、この年はCOP21でパリ協定が締結された年でもあります。

私は筆頭となって水洗浄設備開発プロジェクトの発足とISO 14001の取得を目指すことを決定しました。大変なのは分かっていましたが、会社の将来のためにはこれをするしかないと私の腹は決まっていました。幸い、多くの社員が協力してくれたおかげで、ISO 14001の認証取得に至ることができました。

しかしその後、私に対するネガティブキャンペーンと、退職ラッシュという恐るべき日々が待っていたのです。

ISO 9001の経験があったため、ISO 14001の取得に向けたプロジェクトは思ったより順調に進んでいきましたが、水洗浄プロジェクトでは非常に悪戦苦闘しました。技術的に越えなければならない課題が多くあり、加えてコストの問題が大きく立ち塞がりました。洗浄に使う水温は常温では機能しないので、温度管理をするためのトライアルアンドエラーを繰り返し、実験を重ね、そのための燃料費による製造コスト上昇が、利益を圧迫するというリスクがありました。

社内では私への誹謗中傷が横行するようにもなっていました。堂々とハラスメントを私に対して行う社員もいましたし、非常に陰険かつ卑劣なやり方で保身を貫こうとする社員もおり、人間とはなんと変革を嫌う生き物なのかと痛感しました。

2016年に入ると、私の改革についていけない社員たちが次々に退職しました。退職した社員の多くは、保守派の人間であり、この大量退職のために、売上の大幅減少を経験しました。それまで勤めていた社員の約7割が、1年を通して退職してしまったのです。私はすぐに採用活動を開始し、一時は社員数が30人にまで減少したものの徐々に増えていきました。しかし、以前の状態に戻るにはまだ時間がかかりました。

この年、私の会社は1979年と1980年以来の赤字に陥ってしまいました。赤字のため、当然賞与を出すことはできませんでした。ところがボーナスは毎年もらえるものだと思っていた社員から、不満が噴出したのです。賞与を支給する義務は会社にはなく、賞与は会社が出した利益の一部を還元するものであるということを、ほとんどの社員は知りませんでした。

ネガティブキャンペーンがエスカレート

私に対するネガティブキャンペーンはエスカレートし、社外にも広がっていました。私は権限委譲にこだわり、取引先や顧客を含む社外のステークホルダーに対応する人材を社員から選任しました。しかし、知らないうちに顧客や外注先にも根拠のない噂を広められていたのです。「ホウレンソウ」の徹底を謳っていた私ですが、社員からの情報を受ける際、報告者は隠蔽や虚偽報告をするのです。今まで普通に話していた人の態度がハラスメント的に急変し、「先代社長を追い出してまで、社長のやりたいことはこれだったのか」「由紀子社長は、何も良いところがないですね」など、私に面と向かって嫌みを言う取引先もありました。また、私のことを何も知らない人からも「こんなふうになっちゃって……」などと辛辣な言葉を浴びせられたこともありました。私と接触することがある取引先と陰で連絡を取り、私の悪口を言う社員もいました。「なぜこの人たちは、こんなことを言うのだろう」「彼らは、私の何を知っているのか」「人間は、根拠のない噂が好きなんだ」「人の不幸は蜜の味っていうもんなぁ」「戦略的な批判はしないのか」「彼らの目的はなんなのか、その目的は会社の発展のためなのか、保身のためなのか」など、数々の疑問が私の頭のなかを堂々巡りしていました。

このような多くの批判は、すべて私の人間性に関してのものでした。人間性に対する批判やハラスメントは、挙げればキリがありません。一方私は、人間性よりも自らの戦略についての批判を受けたいと思っていました。人間性に関する批判は際限なく行うことができますが、戦略的な批判は、その戦略を理解しないとできません。私は、そのようなハラスメントをする人間は視野が狭く、戦略というものを理解できない人で、人を貶めることが人生最大の喜びで、そのような人生しか送れないかわいそうな人なのだと思うことにしました。私はそのような人たちを反面教師とし、自分は絶対そのような人間にはなりたくない、そのような人たちと関わっている時間がもったいないと思い、そして、前を向いてさらにやるべき多くの改革について考えるようになったのです。

加えて、私は言い訳をして回るということもしませんでした。ある海外の知り合いは、私の体験談を「サッチャー」に例えたりもしますが、当時の私は、そのあだ名でさえも皮肉にもうれしいと感じていました。

今は過渡期だから仕方がない。とにかく今やるべきことを進めよう。私は余計な邪念を捨て、やるべきことを一つずつ、着実に地道にこなしていくことにしました。それが私のスタイルでもあったのです。そして、私は誰かにハラスメントを受けたからといって、絶対に自分からハラスメントはしないという信念ももっていました。

これは、アメリカで経験したCOOPがバックグラウンドにあると思います。もちろん、アメリカでは私は外国人であり、しかも学生です。COOP先の企業では、誰も外見や国籍、性別、年齢、生きてきた背景などで差別をする人はいませんでした。私を一人の人間として扱ってくれたのです。私はこの対応に感銘を受け、自分もそうなろうと心のどこかで思っていたのかもしれません。そのため、まさか日本で差別を受けるなど、思ってもいませんでした。

自分を信じて前に進むことしか、私にはできなかったのです。

りました。

5年の歳月を経て水洗浄が完成

水洗浄プロジェクトが一定の成果を出すことができるまでに、およそ5年の月日がかかりました。

2017年5月には「金属細管の製造方法」として特許を出願し、2018年8月に特許が登録されました。そこからさらに改良を重ね、2022年現在の製造方法を確立するのにおよそ5年がかかりました。結果、トリクレンの完全撤廃にまでは至りませんでしたが、トリクレンの使用量は激減しました。

コスト重視の経営も、もちろん理解しています。しかし私は、今後の経営はバランスが重要だと考えています。従来重視されてきた、利益、コスト、顧客満足、製品のQCDの実現に加え、大気環境、職場環境、社員満足度、安全性など、ソフト的要素がより多くなり、経営者としてこの見えないソフト的要素をどのようにデータ化し、見える形で改善していくのかが今後の課題だと思っています。私の会社は世界随一の技術を獲得し、他企業との差別化を図ることに成功しました。環境意識がますます高まっていくなかで、この技術は高い競争優位性になっていくに違いありません。私たちが実績をつくったことで、いずれトリクレンの使用が禁止になるような社会になることを願っています。

残念ながら、2015年に水洗浄プロジェクトを立ち上げたときの初期メンバーは、みんな会社を辞めてしまい、今は私以外一人もいません。それは少し寂しいことですが、その技術は今のメンバーがきちんと保有しています。

［第4章］

「昭和の働き方」を良しとする会社は生き残れない

女性に優しい環境を目指した職場づくり

会社組織として人材を育てる教育制度の構築へ

現代において、企業の重要な基本的経営資産は、ヒト、モノ、カネ、情報であり、それらを中心に多くのことを念頭に置きながら会社の運営を行わなければなりません。私はステークホルダーのなかで、最も重要視すべきなのは「社員」だと公言しています。だからといって、社員を甘やかしているわけではありません。組織に属する人材は、社内ルールを遵守し、自分の得意分野で思う存分力量を発揮してほしい。私はそのための環境をつくりたいと思っています。仕事の価値観が昭和の頃と変わってきた今、仕事は自分の人生を犠牲にしてまでやることではない、自分の人生を豊かにするための一部として仕事がある、という考えです。もちろん、お金を稼ぐために働くという人もいるでしょう。しかし、それだけでは仕事はつらいものになってしまいます。仕事を楽しくするためにはどうすればいいのかということ、を経営者は考える必要があると思っています。

私はこの人材のマネジメントに、非常に苦労してきました。そもそも私の会社では私が社長になるよりもかなり前から、人材についての課題が浮上していたのです。従業員の平均年齢が47歳と非常に高くなっているのはもちろん、約7年も積極的な採用を行っていないことに起因しており、組織は硬直化していました。もちろん、自分の与えられた仕事をこなし、より力量を上げるためにOJTを繰り返し、自分の能力を発揮することはルーティンワークとして必要ですが、それ以外に、仕事を通して興味がある分野の教育ができる環境をつくることの必要性を感じていました。

自分の仕事を好きになり、仕事を通して多様な分野を学ぶ機会があれば、それはすばらしいことだと思います。世の中には自分の知らないこともたくさんあり、それらがすべて関わり合って社会は成り立っているのです。世の中を知ることで、それが自分の仕事に役立つこともあります。当社の社員には、そのような経験をたくさんしてほしいのです。

一方経営については、先代の時代では、経営戦略的な考えをもつ以前に、目の前の受注をこなして積み重ねることが経営とされていました。しかしこれからは、経営者は戦略を考え、将来に向けて維持発展できる企業になるために視野を広くもち、勉強を続け、多様な知識を身につけ、それを実践することが重要なのではないかと考えます。社長になると、既得権益を保持しようと、途中で勉強を諦めてしまう方も多くいます。しかし、経営者はオペレーションを円滑に回すために、先述のソフト的要因を踏まえた経営戦略を常に考え、実践することが必要だと思います。実際この20年、日本は世界と比較した際、経済的には先進国のなかでは非常に遅れている国となってしまいました。これは、既得権益に胡坐をかいていた経営者の責任、そして人間のGreedy Mindが原因だと考えます。中小企業であっても、一人の経営者として真摯に、愚直に、現場と向き合い、地道に勉強することが重要なのではないでしょうか。そして、そのような日本人が多くいた時代は、もう来ないのでしょうか。

私自身も、まだまだ勉強中の身です。一歩一歩、地道に学ぶ姿勢はなくさずにいようと、心に決めています。

2014年4月に私が社長に就任したのち水洗浄プロジェクトが始まり、私は1年間におよそ7割の社員が辞めていくという非常事態を経験しました。しかし、私は私の信念に基づき、これを人材マネジメントシステムの構築につながる良い機会だととらえ、採用活動に専念し、その結果、組織の人材は完全に入れ替わり、社員の平均年齢も36歳まで若返らせることができました。こうして、一つひとつの課題解決の連続を維持していくことが経営なのだと思っています。

経営課題のソフト的要因の一つである社員教育において、当社ではＯＪＴを中心に力量アップを図る取り組みを行ってきました。現在はそれ以外にも、多様な多数の教育プログラムを用意しています。その一つとして会社が費用負担をし、外部講習への参加を奨励しました。主に若手社員たちが環境に関するプログラムや、技術に関連するプログラム、ＩＴに関するプログラム、経営学のプログラムなど、さまざまなスキルアップに関連するプログラムに参加するようになりました。また外部から講師を招いて、ＩＳＯに関連する講習なども行いました。それから社員の意識が少しずつ変わり始めていったのです。

危機的状況を救った新卒採用

社員のおよそ7割が辞めていくという出来事によって、一時は社員数が減って生産がおぼつかないという危機的状況に陥りましたが、ようやくその危機を脱し、45人にまで増やすことができました。このときのことについてよく聞かれるのは、なぜそれほど人材を採用できたのかということです。

あのとき積極的な採用を行っていなければ、社員数は10人近くにまで減少し、倒産の危機を迎えていたかもしれません。

社員が大量に退職する数年前から、私の会社では採用サイトを活用して全国に向けて募集をかけていました。それに対して、２０１６年は１０００人近くの応募がありました。当時は平均で1日数十名の応募があり、毎日のように5、６人の面接を行っていました。もはや社長ではなく、ほぼ人事部長と化していました。

学歴、性別、住所、家族構成は関係なく、仕事で力量を発揮したい人材を中心に多様な人材を募集しました。応募者は会社がある群馬県と隣接する栃木県、埼玉県、茨城県に在住している人が中心ですが、日本全国から応募してきてくれていますし、海外からの応募もあります。

この話をするととても驚かれます。当時の売上高は8億円、社員40人で、群馬県のなかで最も大きな都市である高崎市や、県庁所在地である前橋市でもない、人口7万５０００人の館林市という小さな街にあり、市の中心街である東武伊勢崎線の館林駅から４㎞ほど離れた小さな工業団地の一角にある中小企業です。そこに、どうして全国から1000人もの人が応募し、30人もの採用ができたのか、この人材不足の時代ににわかには信じ難いといわれるのです。

社長を継ぐ前の旧工場のときから、新卒を含めて人材採用が必要だと感じていた私は、新工場に移転したあとにはこれまでのように行政の求人に頼るのではなく、採用コストを予算化し、採用活動を行うべきだと思いました。私は採用サイトに掲載する募集原稿の考案を始め、若い人にも自社の魅力が伝わるような原稿に仕上げました。

手島精管は、「地方」の「製造業」の「中小企業」です。この組み合わせだけで、一般の人にはあまりいいイメージはもたれないと思います。このマイナスイメージを覆すにはどうしたらいいのか、それを考える前に私はまず、「こんな会社では働きたくない」という項目を考えつく限り列挙してみました。その際に、女性の視点も入れました。女性活用、男女共同参画が叫ばれる今、女性社員も積極的に採用するべきだと思っていたからです。

一般的にいわれている地方の製造中小企業のイメージは、ネガティブなものが多くあります。ただ、日本に６０００万人以上いる労働人口のほとんどは中小企業で働いています。その方々が「社長」という実際の仕事をイメージし、社長業の大変さを理解できないのは当然だと思います。だからこそ架空のイメージが先行して、そうでない社長でさえも、このようなイメージの人物と判断されてしまうのも仕方のないことなのです。

昔よりは改善が進みましたが、私の会社にも当然当てはまる課題はまだあります。このような中小企業のイメージを払拭するべく少しずつ改善し、現在では地方では働きやすい会社になっていると思っています。

これからは、働く環境の充実性を重要視するような経営スタイルが必要であり、そのような経営がステークホルダーにバランスよく満足を提供できるのではないかと考えます。多様化された現代社会で働く環境を高めるには、社員一人ひとりが自分の仕事に責任をもち、仕事に対する成果が評価され、会社からリターンを得るようにする。美辞麗句に聞こえますが、このような考えが今後の会社経営に必要なのではないでしょうか。

人生を幸せにする要素である仕事の充実により、当社で働く人材が幸せな人生を過ごしてほしい、得意分野で力量を存分に発揮し、そして会社に貢献した分、会社からリターンを得るべきという理念を、私はもっています。これは今、私の会社のポリシーとなっています。これらはすべてこれからやっていかなければならないことであり、このすべてを実現できれば人は集まってきてくれる――。私はそう信じています。

世の中にどう役立つのか、自社の魅力をアピールする

まずこの会社に魅力を感じてもらうために大切なのは、会社について知ってもらうことです。手島精管は、社員とその家族、知人、取引先以外には、知名度がありません。知名度を上げる第一歩は、自社の紹介から始めることであると考え、当時まだ中小企業ではあまり活用されていなかったSNS、そしてホームページで、自社のPRを始めました。

またアピールポイントとしては、自社の事業がいかに世の中に貢献しているのかを明記するということが重要です。昨今の若者は特に、社会貢献を重視する傾向が高くなっているといわれています。働く人にとって、1日の起きている時間のおよそ半分は仕事をしているのですから、仕事はただお金を儲けるための手段よりも自己実現の場であるという考

えの方が浸透しているのではないでしょうか。そうである限り、自己肯定感を得られる仕事、世の中の役に立つ仕事に就きたいと思うのは自然なことだと思います。ただ、これらを実現するためにも、地道な作業の連続、一つひとつの作業実績の積み重ねが必要なのです。

私の会社の大きな強みは、遠くからではありますが、医療という、人間に直接的に関わる分野に従事しているということです。人の命に関わる医療を支える一部である私たちの製品は医療には不可欠な要素なのです。当社は、世界に通用する技術をもっていると自負しており、ニッチであるがために、この分野で規模を大きくするというより、小さいながらも中身の充実性を極めていく企業へ成長することを実現させたいと考えています。

技術職であれば、世界に通用する技術を身につけることに、誇りと自信をもつことができます。開発者であれば、この技術をさらに高め、応用の可能性を探究することに、喜びとやりがいを感じます。営業職であれば、自社製品をより多くの世界中の顧客に販売することに楽しさを見出すことができます。またこの技術を用いて新たな分野、新たな市場を開拓することに楽しさを感じられます。しかも相手はこの小さな日本だけでなく世界であり、果てしなく大きな市場です。
自社のことをまったく知らない人に、どんな事業を行っている会社なのかを伝えるというのは、興味をもってもらうためのチャンスです。

私たちは創業以来50年、注射針に使用する極細の金属のチューブから、カテーテル、医療用精密機器、自動車、シャープペンシルの先端、プリンターのノズルなどに使用する金属チューブを製造しています。世界トップクラスの難易度の高い加工精度にもチャレンジし、7000種の製品の製造が可能な会社です。世界標準の品質マネジメント基準ISO9001、環境マネジメント基準ISO 14001も取得し、欧米の国際展示会でも高く評価され、現在1000社を超える顧客をもち、売上の50％程度が世界への輸出によってもたらされています。世界の医療と健康を支える医療用チューブを作るグローバルニッチトップ企業です。

「市場が小さいニッチな会社ではあるが、その狭い世界では非常に優れた会社である」というように伝えると、会社が小さいこともデメリットではないように思えてきます。ニッチトップ企業であるということ、ほかにはない技術をもっているということが、憧れや誇りにすら思えてくるのです。

第三者評価が信用になる

さらに私が意識したのは、自社からのメッセージだけでなく、第三者からの評価を得るということです。会社の外から見れば、会社はブラックボックスです。人材募集や会社説明会で良い言葉ばかり並べる企業はたくさんあるのですが、本当にどうなのかというのは入社するまで知ることができません。「入ってみたら全然違った、ブラック企業だった」という会社は世の中にいくらでもあります。インターネット時代ですから、就職希望者の皆さんもそのような情報にたくさん触れていますし、警戒しています。会社からのメッセージだけでは簡単に信用してはもらえないのです。

信頼を一気に高めてくれる方法が、第三者機関からの認定です。ブラック企業が世の中で盛んに語られるようになったなかで、外部からの評価は非常に大きな信頼につながります。そこで私は、第三者評価を得られる機会があれば、積極的に取りに行くように心掛けました。

外部からの評価を得るためには、国や県からの助成金、補助金を申請し、採択されることが有効です。助成金や補助金は、申請書類を作るのが非常に大変であり、時間がかかります。申請書には将来の展望を描き、事業計画を事細かく記載し、資金の使途理由を根拠となるデータを用いてロジカルに説明する必要があります。正直、書き慣れていない人にはかなり骨が折れる作業であり、もちろん、採択されず悔しい思いをしたこともあります。しかし、だからこそ採択されたときには、このうえない達成感を得ることができるのです。

私は、助成金や補助金の申請に積極的にチャレンジすることは非常に大切だと考えます。そして、採択された事業は自社のホームページや、SNSなどでアピールすべきなのです。助成金や補助金を活用することのメリットは、資金が提供されるだけではありません。その事業が採択された際、それは国や県がその事業を認めて支援してくれるということでもあり、会社が国によって適正に評価され、社会にとって役立つということの証明になるからです。

また国や県から発信されている情報を常にリサーチし、認定制度や表彰制にアピールし、積極的にチャレンジすることも重要だと思っています。私の会社は私が専務になって以降、13もの認定、表彰を獲得してきました。中小企業でも、補助金や認定制度を活用できることを認識しました。こうした受賞歴は営業上でももちろん役に立ちますが、人材採用にも大きなプラスの影響があり、非常に大きな信用を得ることができるのです。

このような受賞をするためには、自社のやっている事業や取り組みをオープンにし、アピールしていくことが重要です。それはまさに経営者が積極的に行うべき仕事だと思います。

［第5章］

先が見えない国内依存から脱しなければ会社の成長はない

女性視点の企業ブランディングで世界に挑む

社員の働きやすさを追求した社内制度

会社を設立して社会保険に加入するためには、就業規則の策定が必要です。就業規則は会社の法律であり、各国でも法律があるように、会社でも法律をつくるのです。法令遵守、コンプライアンス、ガバナンスという言葉を聞くようになって久しいですが、ルールをきちんと守ったうえで仕事をする、そんな当たり前のことを文書化し、周知し、企業文化をつくり上げていくのです。会社と社員の間の契約で労働は成り立っています。現在では労使問題も多発するようになり、会社と労働者との間でよりよい関係を保持するため、公正な規則をつくり、それを遵守することが大切な時代になってきました。

就業規則はどの企業でも必ず作成するものですが、就業規則を重視している経営者が少ないのも事実です。平均的な就業規則があればそれでよいと考えて、社会労務士に丸投げしている会社も少なくありません。

手島精管の就業規則は、私が代表になるまでにも、その改訂に注力していますが、私の社長就任以降その改訂回数は20回を超えていると思います。多様な法規制がしかも頻繁に変わる現代、それに合わせて会社の法律も変えていかないと、時代と、国と、世界に後れを取り、そしてその大きなギャップが生じたときにあわてて調整しようとしても、膨大な時間と労力がかかります。だからこそ、常に国や県が打ち出す方針や、制度などの最新情報をチェックし、経営状況と照らし合わせ、従業員の意見をできる限り取り入れ、給与体系や、福利厚生制度などを、常にアップデートしています。そのなかには、他社では聞いたことがないオリジナルの制度もあります。

産休・育休制度では、２０２０年には、産休を利用したほぼ全員の女性社員が、出産後に復帰しています。また、男性と女性を合わせて育児休暇の取得率は75％に上ります。それに加えて、育児介護休暇制度という制度を設けています。育休が終わって職場復帰をしたあとでも、小さな子どもは体調不良を起こしやすく、熱を出すということも頻繁に起こります。朝熱を出して突然保育園や小学校を休まなくてはならなくなったり、子どもが熱を出したと連絡があって迎えに行かなくてはならなかったり、ということがよくあります。特に保育園に通い出したばかりの子どもは初めて家の外に出て、たくさんの新しい菌に触れて、何度も発熱を繰り返す時期があります。子どもはそうやって強くなっていくものですから、熱を出すのは当然のことです。

また、介護が必要な家族を病院や施設に連れて行かなくてはならない場合もあります。ただ、社員はそのたびに会社を休まなくてはならないので、有給休暇をその対応で消化するという人も少なくないと思います。

私の会社では育児介護休暇制度を利用することで、有給休暇を消費する必要はなくなります。子どもの発熱や家族の介護などで遅刻や早退、もしくは欠勤しなくてはならない場合、病院の治療証明書や、保育園や小学校から発行してもらった病欠の証明書を提出してもらえれば特別な休みを認めています。回数、日数に上限はありません。これは男性であってももちろん取得可能ですので、共働き夫婦で奥さんが仕事を優先しなければいけないケースなどで、男性社員も利用しています。

この制度は女性社員に特に評判が良く、お父さん、お母さん社員に安心して子育てをしながら働いてもらっています。この制度を始めてから、出産や介護が必要になったことを理由に会社を退職した人はほとんどいなくなりました。また、この制度の存在を知ったことで、私の会社で働くことを希望して応募する人も増えてきています。

この特徴的な福利厚生制度である育児介護休暇制度の話をすると、よく聞かれるのが「ほかの人が大変じゃないのか」「それで現場は回るのか」「不満の声は出ないのか」といったことです。確かに誰かが急に休むことになれば、ほかの人の仕事が増え、残業せざるを得なくなることもあります。

しかし、私の会社においてこの制度で不満の声が出たことはありません。1つ目の理由は、この制度が助け合いの精神に基づいているものであるからです。誰かがサボるために仕事が増えることには不満が出ると思いますが、小さな子どもを育てながら働いている、頑張っているお母さんや、両親の介護で大変な仲間を支えるために、少し仕事が増えることに不満を感じる人は、当社以外であっても、いないでしょう。少なくとも私の会社ではみんなが助け合いの心をもってくれているので、そのような不満はなく、むしろ困っている社員がいたら、周囲が育児介護休暇を使うように促しています。そして、会社はそのような環境をサポートします。

定時は8時から17時であり、19時以降も残業するためには会社に承認を得なくてはならない承認残業制度を採用しています。ただし、19時までの2時間は会社の承認を得ることなく現場の個人の判断で残業をすることができる制度にしているので社員が助け合うという協力体制が完成しています。もちろん、残業せざるを得ない状況の際には全社に残業指示を出しますし、ノー残業デーを設けているので、定時で退社することもあります。

制度に対して不満の声が出ないもう一つの理由は、もちろん例外もありますが、現場の業務を7割程度の仕事量で回せるように設計していることです。

一般的に多くの企業では、生産効率を高めることを優先します。そのため生産工程を、全員が全力全集中でフルに体を動かして生産できるスピードと量で設計していると思います。

私たちは、もちろん生産効率を上げることも重要視していますが、それ以上に全員がフルスピードでできる生産量の7割ぐらいで生産工程を設計し、全社員の負荷がアンバランスにならないよう、努めています。これは生産効率性を加味したうえで、社員一人ひとりの負荷バランスを把握し、ヒューマンエラーによる不良の発生を防止するシステムを保持するためです。

また、社員には生産以外にも「管理」という仕事があります。管理業務は、非常に労力を使う仕事です。１００％生産に労力を注ぎ込むことで管理業務に不備が発生する事態を回避するように努めています。

さらに、今後は、チームという概念を育てたいと思っています。以前よりチームワークという言葉は浸透していますが、新入社員を含む後輩社員に対する教育を強化し、チームメンバーの良好な関係性を構築することが目標です。当社の製造は、チームワークも重要な要素です。教育を強化し、全社でベクトルを合わせ、目標達成に向けて顧客満足の向上を目指しています。

残業に関しては、社員全員が週に1日はノー残業デーをつくる制度を設けています。全社で曜日を固定するのではなく、社員一人ひとりの裁量でノー残業デーを決めることができるため、自分の仕事量やプライベートでの予定を考え、各個人のワークライフバランスを保つことができています。社員には、「選択肢があり、自分でその選択ができる」という自由があります。もちろん自由には責任が伴います。ですから、各自が自分の仕事に責任をもったうえで選択できる自由をもっているのです。

ほかにも、ハラスメント防止対策として社内で窓口を設置したり、eラーニングで職場のハラスメント対策について全社員に教育の場を設けたりして対策に取り組んでいます。

2020年6月1日に「労働施策総合推進法（通称パワハラ防止法）」が改正され、ハラスメントに対する認識が日本でも高まっていることを受け、2022年4月1日からは、中小企業に対する職場のパワーハラスメント防止措置も義務化されています。ハラスメントは、規制することが非常に難しい犯罪と理解しており、それを完全に撲滅することに時間はかかると思いますが、撲滅に向かって一人ひとりが認識を高める、企業は努力義務を維持することが必要だと考えます。

ハラスメントとは相手の意に反する行為によって不快な感情を抱かせることであり、日本語に訳すと「嫌がらせ」です。私は社長を受け継いでから数々の嫌がらせを受けた経験があります。ハラスメント＝嫌がらせであることをさらに周知し、会社がハラスメントとは無縁な状態になることを望んでいます。「ハラスメントはいけないこと」という認識はあると思いますが、日本語で「嫌がらせ」といったほうがより理解度が深まると思います。

日本の組織は、極めてバーティカル（縦型）です。だからこそ、上司の権限を私的に利用するような事態が発生する場合が多くあるのだと思います。家族、企業、団体、学校、どの組織でも、「人間」として接する、という意識が必要だと考えます。また、当社は全社員のメンタルに関する対策にも注視し、ストレスチェックの実施を維持し、産業医からアドバイスを受け、効果的な対策を行い、社員にとって働きやすい労働環境をつくっています。しかし、本人が強いメンタルをもつ、ということも重要だと思っています。

そのほか、2018年6月より、群馬県立館林高等特別支援学校の生徒を就業体験という形で、一定期間受け入れています。受け入れ先は製造技術部の検査部門で、約2年間（年3回、1週間～3週間）の就業体験を経て、2020年4月から新入社員として雇用しています。ここでは個人の障がい度合いや個性に合わせて必要な教育や労働環境の改善を行っています。

働き方の自由を担保する正当な評価制度

正当な人事評価は働く人の満足度を高め、離職率を減らすための非常に重要な要素です。最近では、不当な人事評価による離職が問題視されるケースを多く見かけます。「自分が正当に評価されていないと感じる」「ほかの社員と比べて不公平に感じる」、そして「仕事の能力や取り組みはいまひとつなのに、社長や上司に気に入られているというだけで高く評価されている人」「ただ社歴が長いというだけで給料が高い人」「一生懸命頑張って成果も出しているのに評価が低い人」「社員には慕われているのに上司によく思われていないから冷遇されている人」「権限は欲しいけれど、責任はもちたくない人」というような社員がいるなど、会社と社員のベクトルが合っていないため、また、仕事の意義に大きなギャップがあるため、このような評価の齟齬が生じ、社員のモチベーションが下がり、組織全体の低下につながります。

昭和の時代は、たとえ同じ仕事をしていても、性別によって給料が全然違うということも当たり前のようにありました。私の会社ももともとは女性の給料が非常に低い会社で、私はこのことに憤りを覚えていました。

私たちのように社員が50人にも満たない中小、しかも地方の企業では、特に人事部や人事評価の仕組みがなく、社長が全員の給料を決めているという会社が少なくありません。

当社も以前はそうでした。しかし、今では業績を重視したうえで、業績向上への貢献度が数字で評価されるような仕組みを導入しています。例えば、先述のＱＭＳでは、目標管理という項目があります。目標を設定し、その目標の達成状態を管理する、というものです。人事評価は、もちろん評価としてありますが、最重要視しなければならないのは、業績です。業績が上がらないと、評価制度も、ＱＭＳも、環境対策も何もできないからです。先代である父は、よく「金がないと何もできない」と言っていました。私もそう考えています。今の日本は、家庭内でも学校でも、お金の話をする文化ではありません。つい最近、ようやく小学校で金融教育が始まったなどとニュースで聞くようになりましたが、日本人の金融リテラシーは極めて低いことが分かっています。社員の給与に関してもお金の話です。そして、給与は社員にとって働くうえで極めて重要な要素ですから、よりきめ細かな設定が必要だと思います。給与は、経営的には人件費ですから経営者が決めるのは当たり前なのですが、さらにドリルダウンし、社員一人ひとりの評価をすることも重要です。そのためには、正当に評価される評価制度の構築が必要なのです。

当然の原理として、社員は自分の給料を高くしてほしいと考えます。もちろん、会社としても会社の方針に理解を示して行動し、業績に貢献してくれた社員に対しては昇給し、社員の生活を豊かにしたいと考えています。最近では賃上げに関して多くの情報を耳にしますが、経営者は賃上げができるように利益を確保し、キャッシュフローを見直し、社員の満足度向上も図る必要があるのです。会社と労働者の関係は、そのビジネスを維持している限り続くものです。だからこそ、良好な関係を保持できるよう、経営者は社員のロイヤリティが確認できるような評価制度を構築し、社員のアウトプットを正当に評価し、会社を維持発展させることが必要なのではないでしょうか。

私は、人事評価をできる限り公正に、かつクラウドで管理できるツールを導入することを決めました。私が導入したツールの特徴は、ＭＢＯ（Management by Objectives）評価、コンピテンシー評価、スキルマップ評価など複数の評価軸を設定していることです。

ＭＢＯとは、日本語で目標管理制度といわれるものです。これは、社員一人ひとりが個別に目標を設定し、その目標の達成度を点数で評価する手法です。例えば営業職であれば売上や新規顧客開拓数などの数字目標を設定しますし、技術職であれば製造工程における良品率や、新たな技術を習得するというコミット、マネジメントにどれほど貢献したか、ＩＳＯの知識をどれほどもっているか、などを数字目標として設定します。

コンピテンシー評価は、会社が定める行動特性に対して、どれだけ遵守できているかということを評価します。例えば規律性をもって社内規定を遵守したかや、協調性をもって他部署との連携を行ったか、就業規則を遵守しているか、などです。社内横断のプロジェクトに参加して貢献した場合などは高く評価されます。

スキルマップ評価は、従業員のさまざまな業務遂行能力をまとめた一覧表を作成し、各項目においてどこまでの習熟度があるかどうかを測定します。自分の能力をグラフにして全体平均と比較することが可能で、自分のどの能力が高く、どの能力をどこまで高める必要があるのかを見ることができます。この人事評価の結果は評価シートとして自動生成され、社員は自分のそれをいつでも見ることができます。ゆくゆくはＡＩによってさらに公正なコンピテンシー評価ができるシステムに移行します（２０２２年12月導入予定）。

この評価は、ＡＩが行います。各項目が非常に細かく設定されており、私情をはさむ余地がありません。そしてその評価を私が確認し、不正があれば必ず修正します。

この評価システムでの評価点数を基本とし、その他多様な評価項目を総合的に評価して、昇給率と賞与額が決まります。例えば上司に気に入られようと頑張ったところで、数値目標の結果が評価されるので、媚びやゴマすりは通用しません。「目標が達成され、業績が上がったことに対していかに公平的に評価するか」ということに関しては、数字によって出た結果で評価することがベストなのです。

「人材が働く」ということに関して、私は全社員が高い評価と高い給料を目指す必要はないという考えをもっています。それぞれの社員が多様な理由で仕事をしているわけであり、仕事に対する考え方や、ワークライフバランスは多様化しており、仕事に対していろいろなスタンスで取り組む人がいてよいと思っています。上昇志向が強かったり、会社の将来を考えてくれたり、少しでも多く稼ぎたいと思って努力する人がいる一方で、与えられた仕事をきっちりこなしてその分の給料をもらえればいい、趣味や育児やワークライフバランスを重視したい、という人がいてもよいのです。

ただし、その違いを許容する会社になるためには、論理的に整合性の取れた、そして数値をベースとした給料設定が必要で、全員が納得できる人事評価システムがあることが重要なのです。

多様な働き方を許容する一方で、成果を挙げた社員には、昇給・賞与で応えるべきであり、私は、それを当然のことと考えています。

国際的コンサルティングファームのコーン・フェリーが発表した「2022年・世界報酬動向調査」の結果によれば、各国の昇給率の予測は北米が3・4%、南米が7・5%、西ヨーロッパが2・9%、東ヨーロッパが6・0%でした。これに対して日本は2・1%と、世界的に見ても最低レベルの水準でしかなかったのです。インフレに直面する現在の経済状況において、賃上げは優秀な人材を確保することにもつながります。逆に賃上げを行わないという選択肢は、優秀な人材が流出する危険性をみすみす放置していることに等しいのです。

当然のことながら、賃上げを行うためには利益を上げる必要があります。特に最近では、原材料の高騰が叫ばれる製造業においては値上げによる商品単価の引き上げや、新規顧客の獲得に注力して販売個数の増加に踏み切ることが必要不可欠です。他社が先に値上げしてから便乗しようなどという考え方ではいつまで経っても賃上げができず、社員が離れてしまっていずれは潰れてしまいます。当社では、「利益を上げる」＝「目標達成」ととらえており、目標達成した際の賞与、年次休暇が増加することは、社内の普遍的な文化になっています。

私自身、従業員の賃上げには特に意欲的に取り組んでいます。一般的に製造業では人件費を5割程度に抑えるべきだといわれるところ、私は6割以上かける仕組みをつくり、賃金上昇率も平均10％を10年以上維持できています。

世界経済に柔軟に対応していくためには、日本という小さな枠組みではなくグローバルな視点をもつことが欠かせません。毎日、グローバルニュースや、経済ニュース番組などで世界経済の動向をチェックし、経済情報をリサーチしています。特に、ＢＢＣ、ＣＮＮ、Bloomberg、ＷＳＪは、よく見聞きする番組です。自社の業務だけでなく、世界経済に関して知識を高めることも経営者として当然の使命であると思います。

利益を社員に還元する「賞与ファンド」

2016年に手島精管が赤字に陥ったとき、賞与支給額は創業以来最低でした。「赤字だからってボーナスがもらえないなんて聞いていない。1万円でも、2万円でも払ってほしい」といった声もありました。支給額に納得いかずに会社を辞めていった人もいます。

これは本来、「賞与は利益が出た場合にその一部を社員に還元するものである」という原則を、社員が知らなかったということに起因します。私は手島精管に入社して以来、社員の社会人としての知識が必要だと常々思っており、全社員に向けて朝礼などで告知や説明を行ってきました。しかし、昔からの固定観念にがんじがらめにマインドセットされている社員は聞く耳を一切もたず、逆に自分の固執したマインドセットを保守しようとさえし、その方向を私への批判に向けたのです。

本来、会社は賞与を支給する義務はありません。ただし当社は、利益が拡大したときにはそれを十分に社員に還元する、という当たり前のメンタリティをもっています。利益が大幅に出たときには、社員に賞与として還元することで、社員の努力の結果を理解してもらいます。私は、会社が得られた利益を会社に貢献した社員に公平に還元するために、「賞与ファンド」というプログラムを考案しました。そしてこのクラウドのコンピテンシー評価を原則に、賞与額の管理を行います。もちろん、賞与額を決定する項目はこれ以外にも多岐にわたります。だからこそ、システム化されたプログラムが必要だったのです。一般的な会社は、賞与は多少の変動があってもおおよその支給額は決まっています。利益が多く出たからといって連動して全社員に多額の賞与が与えられるという仕組みはないのではないでしょうか。

中小企業では、利益が多く出た場合には社長が会社の資金で、車やマンションなど個人の資産になるものを購入するという話も聞きます。あるいは、ほとんど働いてもいない自分の奥さんや子どもを役員にし、役員報酬を出している会社の話も聞きます。しかし私にはそういう考えはなく、頑張って稼いだ社員がその利益を受けるべきだと思っています。

おかげさまで、私の会社は2017年以降利益を計上し続けており、賞与を出すことができています。賞与は評価によっても変動しますが、直近では多い人で3カ月分ほどもらっており、これは群馬県の製造業の報酬では高いほうだと思います。

DXの導入でムリ、ムダ、ムラをなくす

私は2002年に入社して以来、DXに取り組んできました。最初はパソコンを1台導入して手書きの帳票をエクセルに置き換えるIT化からスタートし、その後生産管理システムや、人事管理システムをすべてデジタル化しました。私は今、家にいても海外にいても、クラウドを通じて会社の状態を把握することができます。こうしたクラウドを活用した管理をはじめ、DXの導入はアメリカではすでにスタンダード化しているのですが、日本全体で見るとDXはまだまだ進んでいません。特に中小企業は導入が遅れていると感じます。

例えば私の会社が2017年に「地域未来牽引企業」に認定されたときのことですが、経済産業省からDXの導入の進度についてのアンケートが届きました。当時はほぼDXの導入済みだったので、その旨を記入して返信しました。少し経ってその結果が気になった私は、経済産業省に電話してアンケート結果を聞いてみたのです。

その地域未来牽引企業に選定された2000社のうち、アンケートに回答したのは

900社で、そのうちDXを導入していると回答した企業はわずか90社、たったの10％だったというのです。私は驚きました。地域未来牽引企業とは、地域経済の中心的な担い手になり得るとして経済産業省が認定した企業です。残念ながら、これでは日本の未来は明るくないと思いました。

では、DXを進めるには何から始めたらよいのかと時々問われますが、私はまずインターネットバンキング、そして「でんさい（電子記録債券）」を始めるべきだと答えています。私は手形が大嫌いということもあり、実際当社は早くにでんさいの導入を実施しました。

私の会社でも20年前は手形を発行しており、私も手形に金額を印字するチェックライターを使っていたのですが、ミスが多発するリスクもありますし、手形帳の購入費や印紙代がかかり本当に効率が悪く、コストの無駄だと思っています。

私が専務になった2011年に手形の発行をやめて、以来一切発行していませんが、今でもまだ取引先から手形を受け取ることがあります。約束手形は2026年には廃止されるそうなので、早期にインターネットバンキングまたはでんさい決済に切り替えるべきだと思います。

ファックスは世界中で廃棄される日が来るのが待ち遠しいくらいです。ペーパーレス化の推進は、今では当たり前になっています。環境改善のため、業務効率向上のためにも、ファックスを使う必要性はいずれなくなるのではないでしょうか。

SDGsに取り組み、世界に貢献する

手島精管は2020年に日本ノハム協会より「ノハム認証（SDGsの観点から付与される認証）」を取得しました。また2021年に「SDGsぐんまビジネスプラクティス」に「環境配慮型ビジネス」で選定されています。SDGsは昨今、多くの企業が取り組んでいますが、私の会社では環境や社会への取り組みを10年ほど前からスタートさせています。

私がSDGsという言葉を初めて知ったのは2017年で、それは国連が発表した2015年より2年も遅れているのですが、私は環境改善について以前から意識を高くもっていました。2013年に完成した新工場ではエネルギー消費を減らすためにエコキューブという氷を使ったエネルギーを導入するなど、環境に配慮した工場を建設しまし

たし、2015年から取り組みを始めた水洗浄設備の開発は、トリクレンの使用量を大幅に減らすことで、大気汚染、水質汚染、土壌汚染を減らし、社員の健康を損ねないように取り組んだものです。私はグローバル・シチズンシップという考えに賛同しています。これは、「誰もが地球社会の一員であり、そこに参画する責任をもつ市民だという意識」です。

SDGsという言葉に向き合うようになったきっかけは、私が群馬県の総合計画「新・群馬県総合計画（ビジョン）」における「群馬から世界に発信する『ニューノーマル』～誰一人取り残さない自立分散型社会の実現～（2021～2040年）」の策定の有識者メンバーに選任されたことでした。群馬県はSDGsの認知度が全国最下位だったため、総合計画の一つとしてSDGs推進を掲げ、広報や認証システムの構築などに取り組んでいくというものです。

そこで私はSDGs認証があることを知り、社内プロジェクトを発足し、取得を目指すことを決めました。ただし、ISOのときのように私がプロジェクトリーダーになって引っ張るのではなく、社員にリーダーになってもらおうと考え、プロジェクトリーダーを公募しました。幸い、このプロジェクトに興味をもってくれた女性社員がリーダーを務めることとなり、彼女をプロジェクトリーダーに20代から30代の5名の若手メンバーでSDGsプロジェクトがスタートしました。

このプロジェクトでは「サステナブルビジョン」として、「全社員がSDGsの目標に向かって業務に取り組むことで世界で活躍できる人材・企業に成長する」という目標を掲げました。まずは社員全員のSDGsの理解を深めるために、社内でのSDGs評価システムを設置しました。

SDGsの認知度や理解度の向上を目的としたカードゲーム「2030 SDGs」を用いた学習会をはじめ、数々の取り組みをSDGsプロジェクトメンバーが実施しています。今はメディアなどでSDGsを知っている人も多いと思いますが、当社のプロジェクトは、社員が自発的に取り組みを考案・実施し、SNSで発信しているということに意義があります。もちろん、SDGsの活動を通して本来の目的を達成することも重要ですが、「中小企業でもできることをやる」という姿勢が重要だと考えます。

当社のSDGsプロジェクトメンバーが進めている社外的な活動としては災害備蓄食の

フードバンクへの寄付、ワクチン、車椅子などの寄贈につながるペットボトルキャップ、プルタブ・切手の寄付、群馬県産の不織布マスク購入と配布、献血などが実施され、活動内容はFacebookで社内外に発信しています。また、社内イベント、レクリエーションに地産地消の視点を導入していて、地元飲食店の支援を兼ねたグルメツアーなどを楽しみながら行っています。ほかにも2020年には工場の屋上に太陽光パネルを設置しました。

プロジェクトメンバーは、SNSで「これらの活動は小さなことかもしれませんが、そうした活動を継続することによって、社員一人ひとりが環境や社会といったものに意識をもつということが大切だ」と発信しています。何より、SDGsプロジェクトメンバーが本当に頑張って、その取り組みが認定取得を成功させ、社員で構成されるプロジェクトの活動が世の中に発信され、公表できることに、社員も私も喜びを感じています。

［第6章］

地方の町工場からグローバル企業へ

二代目・女性の視点が会社の未来をつくる

週に1日しか出社しない社長

私は現在、火曜日のみ出社します。出社日は終日ほぼミーティング、または来客応対をしています。来客のなかには金融関係の方も多く、国内外の経済や国際政治の状況、マーケットの動きなどについて話し合ったり、出社日以外の日にはインターネットを活用し、海外のビジネス情報をリサーチしたり、東京に出向くことも多くあり、いろいろな人と会って情報交換を行ったりしています。最近は、現場に立ち入るようにもなりました。久々の製造現場は、私をホームグラウンドに帰ってきた気持ちにさせてくれます。

私が週に1度しか会社に行かなくなったのは2020年からで、そのきっかけは新型コロナウイルス対策でリモートワークを導入したことでした。しかし今はこのスタイルにすっかり慣れ、ましてや、このスタイルのほうが、社員が働きやすいのではないかと思っています。コロナが沈静化しても週に1度の出社でよいと思っています。会社の状況はクラウドを通じて確認できる状態にあります。社長がいつも会社にいては邪魔になるだけですから、私が四六時中会社にいる必要もないと考えています。何より、組織が自立するためには、自分で考え、自分で実行することが大切で、常に誰かの指導を受けるような状態では、考える力がつきません。

私が最も重要視するステークホルダーは社員であり、このことを公言しています。だからこそ当社の社員には、自立し、成長し、会社に貢献し、社員はその貢献に対して最大のリターンを得る、というスタイルの実現に向けて活動を維持しています。

そのために、私は常に戦略を考えています。時代に合わせてアップデートされた福利厚生制度や、グローバルサプライチェーンに即したグローバルマーケティング戦略、組織戦略、IT戦略、環境戦略、そして技術開発、生産プロセス改革など、経営には非常に多くの要素が関係しており、社員のためにいまだに勉強とリサーチの日々を送っています。もちろん社員とのコミュニケーションは、クラウドのグループウェアで行っています。

そのなかでも、社員からも好評を得ている福利厚生制度について紹介します。それは、誕生日プレゼントです。社員の誕生日には1万円分のギフト券、社員の配偶者の誕生日には5000円分の花束、社員の子どもの誕生日には図書券をプレゼントしています。これは私から子どもへの投資で、輝かしい未来をもつ子どもには、大いに勉強して多様に学んでもらいたいという願いから始めた制度です。自分の配偶者が勤めている会社から自分宛で豪華な花束が贈られてくるという会社からのサービスはほとんどの人が経験していないためとても驚かれますが、それと同時にとても喜んでもらえます。社員だけでなく社員の家族も幸せにできる会社づくりのための取り組みの一つとして、今後も継続して行っていきたいと思っています。

自走する組織に変える

以前ネットワーキングをしているなかで、ある社長が「社長がいなくても会社が回る体制をつくっておくことが重要だ」と言っているのを聞いたことがあります。私の父も、よく「社長は現場に入るものではない（現場作業をするものではない）」と言っていました。さまざまな場面で意見の食い違いがあった父ですが、これについてはまったく同感です。

私の会社では現場のリーダーとして、かつて私が唯一もっていた「管理責任者」という役割を2022年まで設定していました。管理責任者の仕事は、マネジメントシステムの管理、つまり実質的な手島精管のシステムマネジメントであり、管理責任者＝将来の幹部候補でした。私は管理責任者を設定した際、なりたい人を社内で募集し、立候補した人のなかから任命しました。その理由は、自走する組織にしたかったからです。

いくら優秀な人であっても、管理責任者は自らリーダーをやりたいという思いがある人でないと務まりません。「やらされ感がある人」、「人の実績のコピーだけをする人」「ただ、権限や役職が欲しい人」、「権限は欲しいけれど責任はもちたくない人」では、いざというときに自分で判断ができませんし、会社の利益やほかの社員の利益よりも自分の利益を優先するようになってしまいます。何より、社心より私心が優先では、会社の経営など到底できません。そのような人は考案力がなく、私がMBA在学中の1日目で学んだ「経営とは砂漠にいるようなものだ。右に行くか、左に行くか、自分の勘と経験からでしか判断できない」という原理から外れています。現在は管理責任者というポジションも廃止して全社の社員一人ひとりが特定の仕事のプロフェッショナルとして存在できるような取り組みに着手しています。

私は週に1回しか出社していませんが、グループウェアで、社員とつながっているので、社員とはいつでもコミュニケーションが取れる状態になっています。何か問題があれば報告をしてもらい、それに対して私の考えを伝え、社内に共有します。もちろん、出社時に必要であれば口頭でのコミュニケーションも取りますが、文章でのコミュニケーションを取ることを基本としています。それは、文章で伝えるべきことを伝える能力を向上させるためであり、また文章でのコミュニケーションは記録に残るので、水掛け論の防止にもなります。一方で、社内から上がってきた要望は遠慮なく私に伝えてもらっています。私は最終判断をする立場ですが、基本的に社内の意見を尊重してOKを出すことが多くなっています。自分で判断することを積み重ねて、判断力、考察力、ロジカルシンキング力がつく訓練にもなりますし、組織の全体の底上げにもなると思っています。

新規市場の開拓を積極的に行える組織へ

先代の頃、手島精管には営業スタッフが一人もおらず、基本的には既存顧客からの注文を受注するだけでした。新規顧客は問い合わせがあった際に対応していただけで、自社で新規開拓は行っていませんでした。それでも、長い間ある程度の受注量を保っていたのですから誇るべきことですし、それができたのはまさしく周りから技術力が認められていたからだと思います。

しかし今後は受け身体質から脱却し、自ら戦略を立てて自らの意思で市場を開拓していける企業になりたいと思っています。そのために現在の営業部にグローバルに適用する営業人材を採用していきたいです。もちろん、地元や国への貢献もしたいので、地元の人材、国内の人材採用にも一層力を入れていくつもりです。


今後当社が開拓していく市場は、世界です。今の海外顧客は欧米の企業がほとんどですが、今後は、全世界を相手にしていかなくてはなりません。

日本の人口は年々減少しています。総務省は2022年4月15日「人口推計（2021年10月1日現在）」を公表し、総人口は1億2550万2000人で、減少幅は過去最大となったと発表しました。

一方、世界の人口は急増しています。国連経済社会局（UN DESA）人口部は「世界人口推計2022年版」において、2022年11月15日に世界の人口は80億人に到達する見込みだと述べました。

そしてこれから、経済の格差、インフラの格差、医療の格差、あらゆる格差は少しずつ埋まっていくと思います。そして世界中のあちこちからグローバル企業が生まれて育っていくはずです。そのなかにはもちろん、手島精管の顧客になる企業がたくさん存在するはずです。

中小企業の経営者のなかには、自社の置かれている状況に甘んじず最大の経営努力をしていると胸を張って言える人もいると思います。大手顧客からの受注に頼っている企業は、顧客から無理難題を押し付けられたときに、建設的かつ論理的に説明や説得を行う力がありません。多数の顧客に売上を分散する努力が必要ですし、それがビジネスを成功させる重要な要素と認識しています。

顧客とのコミュニケーションを密に取り、信頼を獲得し、ＱＣＤを基本に顧客の満足を得る、そしてそれを戦略的に実施する。そうした努力があってこそ、国内のみならずグローバルな顧客からも高い評価を得られると考えます。

医療に携わるステンレスチューブをはじめとする部品メーカーも世界には多数あり、複数の競合が存在します。中国などのメーカーは私たちよりも安い価格で勝負していますが、私たちは価格競争をするのではなく、品質と技術、そして対応力で勝負していきます。また、医療分野だけでなく、次のビジネスモデルの探索も同時にしていく必要があります。

このように、世界市場で勝負をしていくためには、マーケティング、セールスプロモーション、ファイナンス、交渉力など、さまざまな能力が必要になります。もちろん、英語は使いこなせなくてはなりません。

現在、私の会社の海外売上比率は50％程度ですが、将来的にはこれを80％程度に引き上げたいと考えています。日本を飛び出して「世界のＴＥＳＨＩＭＡ」を目指しているのです。

私は群馬のこの地に「手島ユートピア」をつくりたいと思っています。小さいながらも、その中身が充実していて、小さな枠ではあるけれど、関わる人たちが幸せに過ごせるような最高の働く場所をつくるということです。どこの会社よりも福利厚生が整っており、どこの会社よりも働き方改革が進んでいて、どこの会社よりも社員が成長できて、どこの会社よりも納得のいく給料を手にできる会社です。夢のような「夢」かもしれませんが、「経営はすべてのステークホルダーの幸せのために」という、私の経営スタイルなのです。また、夢のようであるからこそ、実現することにやりがいが生まれます。

私が入社し、ゼロからのチャレンジを始めておよそ20年、波乱万丈ではありましたが少しずつ改革を進めることができました。これからも「手島ユートピア」を求めて、私の改革は続いていきます。

おわりに

かつて日本の製造業は、日本経済の象徴でした。日本のモノは世界で最も品質が高いと評価され、Made in Japan は信頼の証でした。戦後の日本の経済成長を支えたのはまぎれもなく製造業です。

なぜ日本で作られるモノは優れているのか、その理由には日本に数多ある町工場の職人の匠の技術がありました。日本の職人は勤勉で、器用で、繊細で、研究熱心、決して手を抜かず、より高みを追求します。同じ作業を繰り返していくうちに、より精密に、より正確に、と腕を磨いていくのです。そうした精密な部品の集合体である日本の製品は、他国の製品よりも品質が高く、不良品もほとんどなく、長く使っていても壊れません。Made in Japan の品質は町工場の職人に支えられていたのです。

しかしそれはもう過去の栄光になってしまい、いつしか日本の製造業は日本経済の象徴といわれなくなってしまいました。それは、完成品メーカーである大企業が人件費の安さを求めて中国、台湾、韓国、東南アジアへと部品製造の発注先を移していき、日本の製造業の空洞化が起こったことが理由なのです。かつて日本経済を代表する存在だった日本の電機メーカーは現在、海外で作った部品を海外で組み立てて国内で販売しています。海外の製造業の品質が徐々に上がってくるとともに、完成品メーカーの下請けだった日本の町工場の多くが倒産していきました。もはや、Made in Japanという言葉を耳にすることも少なくなってしまったのです。現場では腕のある職人が引退し、技術の継承者となるべき若手社員も減り、技術の伝承も難しくなりつつあります。

それではこのまま日本の製造業は衰退してしまってよいのかというと、そんなことはありません。なぜなら、日本の製造業には、いまだ世界の頂点を極めている技術が多く存在するからです。にもかかわらず、日本の製造業の衰弱の波が止まらない理由は、経営者にあると私は思います。

先代である父が、創業から30年で自分のつくった会社をニッチトップにのし上げた手腕は本当にすごいと思います。職人たちをまとめ上げるカリスマ性もありました。しかし経営者として、この時代に合った最適な経営努力をしているとは言い難いものがありました。そこで後を継いで二代目社長に就任した私は、経営をアップデートしたのです。

日本には約350万人の経営者がいて、そのうち99%は中小企業であり、8割が同族経営だといわれています。ですから、おそらく私と似た境遇にある二代目、三代目の人が多くいることと思います。私は生まれたときから後継ぎという宿命を背負い、絶対に継ぐものかと思っていた父の会社に結局は入社しました。旧態依然とした中小製造業にパソコンを1台導入するというゼロからの小さな改革を始めてからおよそ20年、さまざまな取り組みを行ってきました。ISO 9001とISO 14001の取得、新工場の設立、IT化とDX、働き方改革、グローバル化、ブランディング、SDGsへの取り組みなど、改革は多岐にわたりました。おかげさまで国や県の認定を数多く受けることができています。

私は受け身体質からの脱却を目標に特定の企業からの受注に依存しない売上構成、不当な値下げ要求に応じなくても済む財務力を身につける努力をしてきました。きちんと利益を出し、社員に対して日本の中小企業としてトップクラスの給与を支払えていると思います。社員は50人ほどの小さな会社ですが、毎年、数百人の応募があります。

まだまだ変革の途中であり、成長途中ではありますが、それなりの成果を出せてきたと思っています。コロナもあり、国際紛争もあり、厳しい状況の今だからこそ、日本の製造業の経営者に、頑張ってもらいたい、そして日本の製造業みんなで頑張りたいという思いが私にはあります。これまで私がどのような改革を行ってきたのかを世の中に伝え、入社して20年となる節目の年に本にまとめようと思い、本書の執筆に至りました。私のような二代目社長や経営改革を行いたいと思っている後継者の人にとって、少しでも経営のヒントとなることを願って、筆をおきたいと思います。

手島由紀子（てしま ゆきこ）

1972年、群馬県生まれ。

1996年に渡米し、ESLにて英語を学んだあと、Northeastern Universityにてビジネスの基礎を学ぶ。2002年に手島精管株式会社に入社。7年間の現場改革を経て、より深いグローバル経営の知識を得るために2008年に再渡米し、HULT IBSに入学し、翌年MBAを取得。帰国後、2014年に代表取締役社長に就任し、数々の組織改革を行う。2017年には、地域未来牽引企業に選定され、2020年には中小企業庁「新しい担い手研究会」（中小スタートアップ企業の在り方を考える会）に参画し、社内だけでなく幅広く活動している。「ニューズウィーク日本版」「Qualitas」「WITH WOMEN」「日本経済新聞」などさまざまなメディアで製造業女性二代目社長として今まで行ってきた改革が取り上げられている。

本書についての
ご意見・ご感想はコチラ

from ZERO
地方の町工場をグローバル企業に変えた二代目女性社長

二〇二二年九月二七日　第一刷発行

著　者　手島由紀子
発行人　久保田貴幸
発行元　株式会社 幻冬舎メディアコンサルティング
〒一五一-〇〇五一　東京都渋谷区千駄ヶ谷四-九-七
電話　〇三-五四一一-六四四〇（編集）
発売元　株式会社 幻冬舎
〒一五一-〇〇五一　東京都渋谷区千駄ヶ谷四-九-七
電話　〇三-五四一一-六二二二（営業）
印刷・製本　中央精版印刷株式会社
装　丁　田口美希

検印廃止

Printed in Japan　ISBN 978-4-344-94088-8 C0034
幻冬舎メディアコンサルティングHP　http://www.gentosha-mc.com/